司法部2018年度国家法治与法学理论研究项目《地方立法双重备案审查机制研究》
（项目批准号：18SFB2007）

地方立法双重备案审查机制研究

侯 宇 ◎著

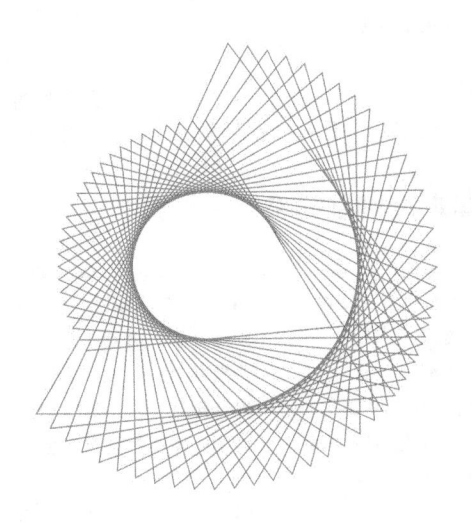

知识产权出版社
全国百佳图书出版单位
——北京——

图书在版编目（CIP）数据

地方立法双重备案审查机制研究/侯宇著. —北京：知识产权出版社，2021.4
ISBN 978-7-5130-7445-2

Ⅰ.①地… Ⅱ.①侯… Ⅲ.①地方法规—立法—研究—中国 Ⅳ.①D927

中国版本图书馆 CIP 数据核字（2021）第 044658 号

内容提要

本书首先通过梳理地方立法备案审查制度的发展脉络，在追根溯源考察其制度来源及其演变后，指出地方立法双重备案审查制度是根植于我国政治实践的特有制度，是在人民代表大会理论引领下，是对已经生效的规范性文件的一种事后柔性立法监督，在本质上属于合法性审查，是一种合宪性审查过滤机制。本书希望通过地方立法双重备案审查机制重塑研究，以丰富和完善我国宪法监督、中央与地方立法权限划分以及备案审查与合宪性审查之间的关系以及制度衔接等新理论问题，促进国家治理方式的转型。

尽管近年来地方层面在备案审查制度上有诸多创新，但地方立法备案审查制度在整体上还存在诸多不足，亟需在程序机制、公开制度、公众参与制度、问责联动机制等方面予以改进和完善。此外，还需利用信息技术手段提升地方立法备案审查的能力和质量，从而真正发挥备案审查的立法监督功能，维护社会主义法制的统一与尊严，保障广大公民的合法权益，促进依法治国方略的实施。

责任编辑：张利萍　　　　　　　　　　　　责任校对：谷　洋
封面设计：回归线（北京）文化传媒有限公司　责任印制：孙婷婷

地方立法双重备案审查机制研究
侯　宇　著

出版发行：	知识产权出版社 有限责任公司	网　　址：	http://www.ipph.cn
社　　址：	北京市海淀区气象路 50 号院	邮　　编：	100081
责编电话：	010-82000860 转 8387	责编邮箱：	65109211@qq.com
发行电话：	010-82000860 转 8101/8102	发行传真：	010-82000893/82005070/82000270
印　　刷：	北京九州迅驰传媒文化有限公司	经　　销：	各大网上书店、新华书店及相关专业书店
开　　本：	720mm×1000mm　1/16	印　　张：	12
版　　次：	2021 年 4 月第 1 版	印　　次：	2021 年 4 月第 1 次印刷
字　　数：	190 千字	定　　价：	59.00 元
ISBN 978-7-5130-7445-2			

出版权专有　侵权必究
如有印装质量问题，本社负责调换。

前　言

随着法治化进程的不断深入，不仅中央层面立法数量激增，地方层面的立法数量也呈现出几何级数的增长。因此，为了提升立法质量，强化备案审查制度便成为法治建设的一个重要任务。党的十八届四中全会明确要求"完善全国人大及其常委会宪法监督制度""加强备案审查制度和能力建设，把所有规范性文件纳入备案审查范围"。备案审查制度的功能与目的是维护社会主义法制统一。鉴于地方立法是我国立法制度的重要组成部分，而且立法权限划分事关中央与地方关系这一至关重要的宪法问题，对备案审查制度的研究始终是我国学界一个经久不衰的话题。

本书首先通过梳理地方立法备案审查制度的发展脉络，在追根溯源考察其制度来源及其演变后，指出地方立法双重备案审查制度是根植于我国政治实践的特有制度，是在人民代表大会理论引领下，结合中国特色的宪法监督、中央与地方立法权限划分理论与实践，从而为把握完善地方立法备案审查制度提供理论指引。从性质上而言，地方立法备案审查是对已经生效的规范性文件的一种事后柔性立法监督，在本质上属于合法性审查，是一种合宪性审查过滤机制。虽然地方立法备案审查对象是以地方性法规、规章为立法核心，但是，随着地方立法备案审查范围的不断扩展，党的十八届四中全会决定"把所有规范性文件纳入备案审查范围""禁止地方制发带有立法性质的文件"。

地方立法双重备案审查的特殊性在于其在三种意义上存在着双重甚至多重审查的现象，即根据双重备案机关性质不同存在着双重备案审查，根据审查性质不同存在着批准审查和备案审查双重备案审查，以及根据审查方式不同存在着主动审查与被动审查。正是由于地方立法"行政层次式"监督模式的双重备案制度设计的特殊性，没有考虑到立法统一性和权威性，加之由于备案机关重合低效、审查程序安排不当、备案资源分散浪费等弊端逐步显现出来，使得备案审查制度的功能大为降低。

鉴于地方立法备案审查本质上属于合法性审查，在某种意义上它充当着一种合宪性审查过滤机制。虽然备案审查主体享有合宪性甄别或初步识别权，但合宪性并非其坚持的原则。因此，地方立法备案审查应秉持合法性、法制统一与尊严和适当性等原则。地方立法以被动审查为主要方式，辅之以主动审查和专项审查等多种方式，遵循"先合法性审查、再合宪性甄别过滤、最后适当性审查"的阶层性审查次序。由于地方立法备案审查双重审查的特殊性，使得其程序相较于中央层面审查程序有所区别。尽管近年来地方层面在备案审查制度上有诸多创新，但地方立法备案审查制度在整体上还存在诸多不足，亟需在程序机制、公开制度、公众参与制度、问责联动机制等方面予以改进和完善。此外，还需利用信息技术手段提升地方立法备案审查的能力和质量。

总之，本书旨在通过地方立法双重备案审查机制重塑研究，丰富和完善我国宪法监督，中央与地方立法权限划分，备案审查与合宪性审查之间的关系，以及制度衔接等新理论问题，促进国家治理方式的转型。欲强化地方立法备案审查制度，不仅应在全国范围内建立统一的规范性文件备案审查标准，还应建立起与其他对规范性文件进行审查相关制度的协调联动机制，避免同一规范性文件在受到不同审查主体审查时可能出现的冲突，从而真正发挥备案审查的立法监督功能，维护社会主义法制的统一与尊严，保障广大公民的合法权益，促进依法治国方略的实施。

目　录

第一章　地方立法备案审查的历史与现状 …………………………………… 1

　第一节　新中国成立至1978年对地方立法备案审查的探索 ………………… 1

　第二节　1979—2000年《中华人民共和国立法法》颁布备案审查的萌芽 …… 5

　第三节　2000—2013年备案审查制度确立与停滞 …………………………… 9

　第四节　十八届三中全会之后备案审查发展与完善 ………………………… 13

　第五节　备案审查的现状与存在的问题 ……………………………………… 17

　本章小结 …………………………………………………………………………… 27

第二章　地方立法备案审查的性质 ……………………………………………… 29

　第一节　地方立法备案审查理论基础 ………………………………………… 29

　第二节　立法监督抑或违宪审查——地方立法备案审查之性质 …………… 34

　第三节　合宪性审查抑或合法性审查 ………………………………………… 41

　本章小结 …………………………………………………………………………… 46

第三章　地方立法备案审查的范畴 ……………………………………………… 47

　第一节　立法文件与规范性文件的区分 ……………………………………… 48

　第二节　如何界定带有立法性质的规范性文件 ……………………………… 53

第三节　地方司法规范性文件是否纳入备案审查范畴 ⋯⋯⋯ 59
第四节　联合行文是否纳入备案审查范畴 ⋯⋯⋯⋯⋯⋯⋯ 64
本章小结 ⋯⋯⋯⋯⋯⋯⋯⋯⋯⋯⋯⋯⋯⋯⋯⋯⋯⋯⋯⋯⋯ 69

第四章　地方立法双重备案审查剖析 ⋯⋯⋯⋯⋯⋯⋯⋯⋯⋯ 70

第一节　地方立法备案审查体系之双重性 ⋯⋯⋯⋯⋯⋯⋯ 70
第二节　批准制度与备案审查之龃龉 ⋯⋯⋯⋯⋯⋯⋯⋯⋯ 75
第三节　主动审查与被动审查之纠葛 ⋯⋯⋯⋯⋯⋯⋯⋯⋯ 79
第四节　双重备案审查之缺憾 ⋯⋯⋯⋯⋯⋯⋯⋯⋯⋯⋯⋯ 82
本章小结 ⋯⋯⋯⋯⋯⋯⋯⋯⋯⋯⋯⋯⋯⋯⋯⋯⋯⋯⋯⋯⋯ 88

第五章　地方立法备案审查的方式、原则与标准 ⋯⋯⋯⋯⋯ 89

第一节　地方立法备案审查的形式 ⋯⋯⋯⋯⋯⋯⋯⋯⋯⋯ 89
第二节　地方立法备案审查的方式 ⋯⋯⋯⋯⋯⋯⋯⋯⋯⋯ 92
第三节　地方立法备案审查的原则 ⋯⋯⋯⋯⋯⋯⋯⋯⋯⋯ 97
第四节　地方立法备案审查的标准 ⋯⋯⋯⋯⋯⋯⋯⋯⋯⋯ 107
本章小结 ⋯⋯⋯⋯⋯⋯⋯⋯⋯⋯⋯⋯⋯⋯⋯⋯⋯⋯⋯⋯⋯ 118

第六章　地方立法备案审查的程序、结果与效力 ⋯⋯⋯⋯⋯ 119

第一节　地方立法备案审查的程序 ⋯⋯⋯⋯⋯⋯⋯⋯⋯⋯ 119
第二节　地方立法备案审查的结果 ⋯⋯⋯⋯⋯⋯⋯⋯⋯⋯ 131
第三节　地方立法备案审查的效力 ⋯⋯⋯⋯⋯⋯⋯⋯⋯⋯ 141
本章小结 ⋯⋯⋯⋯⋯⋯⋯⋯⋯⋯⋯⋯⋯⋯⋯⋯⋯⋯⋯⋯⋯ 144

第七章　地方立法备案审查制度之完善 ⋯⋯⋯⋯⋯⋯⋯⋯⋯ 145

第一节　完善地方立法备案审查程序 ⋯⋯⋯⋯⋯⋯⋯⋯⋯ 145
第二节　健全地方立法备案审查公开制度 ⋯⋯⋯⋯⋯⋯⋯ 148

第三节　健全地方立法备案审查公众参与机制 …………………… 150
第四节　建立地方立法备案审查问责机制 ………………………… 152
第五节　建立地方立法备案联动机制 ……………………………… 155
第六节　利用信息技术提升地方立法备案质量 …………………… 156
本章小结 ……………………………………………………………… 158

参考文献 …………………………………………………………… 160

附录　法规、司法解释备案审查工作办法 ……………………… 171

后　记 ……………………………………………………………… 183

第一章 地方立法备案审查的历史与现状

众所周知，在国家权力配置中，除了横向的立法、行政以及司法相互制约与协作外，在纵向上还存在中央和地方权力的分权与制约机制。19世纪以来，议会权力旁落而转向行政主导的世界趋势，政府权力不断膨胀并蚕食立法权，委任（或委托）立法、行政立法已为理论和实践所接受。但是，对地方立法权尤其政府委任立法权的监督成为各国宪法学研究的重要课题之一，合宪性审查制度也因此而被推崇。

我国地方立法呈现出"双重监督"或"双重备案"的特色，在当下强化并完善备案审查制度的背景下，亟需从备案审查的渊源与发展演变进行详尽的"知识考古"，以期为备案审查制度的变革与重构提供依据。

第一节 新中国成立至1978年对地方立法备案审查的探索

对下位法的备案审查尤其对地方立法的备案审查制度，是伴随着新中国地方立法而产生的。新中国地方立法滥觞于1949年颁布的《中国人民政治协商会议共同纲领》，其第 16 条对中央与地方权力作出了原则规定："中央人民政府与地方人民政府间职权的划分，应按照各项事务的性质，由中央人民政府委员会以法令加以规定，使之既利于国家统一，又利于因地制宜。"同年 9 月颁布的《中华人民共和国中央人民政府组织法》第 7 条第 3 项规定，中央人民政府委员会，依据中国人民政治协商会议全体会议制定的共同纲领，有权废除或修改政务院与国家的法律、法令相抵触的决议和命令；第 15 条第 2 项规定，政务院有权废除或修改其所属部门和各级政府与国家的法律、法令和政务院的决议、命令相抵触的决议和命令。可以说，这是我国规范性文件审查制度的渊源，而备案制度也呼之欲出。

紧接着，政务院于 1949 年 12 月 16 日通过的《大行政区人民政府委员会组织通则》规定，全国共设东北、华东、中南、西南、西北和华北六大行政区，各大区军政委员会或人民政府既是中央人民政府的代表机关，又是地方政权的最高机关，各大行政区人民政府有权"拟定与地方政务有关之暂行法令条例，报告政务院批准或备案"。随后，1950 年 1 月 6 日，政务院通过的《省人民政府组织通则》《市人民政府组织通则》和《县人民政府组织通则》赋予了省人民政府委员会"拟定与省政有关的暂行法令条例，报告主管大行政区人民政府转请中央人民政府政务院批准或备案（在不设大行政区人民政府的地区，由省人民政府径报中央人民政府政务院）"的权力，市人民政府委员会有权"拟定与市政有关的暂行法令条例，报告上级人民政府批准施行"；县人民政府委员会有权"拟定与县政有关的单行法规送请省人民政府批准或备案"。由此，对地方立法的审查与备案制度始见端倪。

鉴于民族自治的特殊性，1952 年 2 月 22 日政务院通过，同年 8 月 8 日由中央人民政府委员会批准的《中华人民共和国民族区域自治实施纲要》第 23 条规定："各民族自治区自治机关在中央人民政府和上级人民政府法令所规定的范围内，依其自治权限，得制定本自治区单行法规，层报上两级人民政府核准。凡经各级地方人民政府核准的各民族自治区单行法规，均须层报中央人民政府政务院备案。"

对地方立法备案制度的产生原本是无奈之举，因为新中国刚刚成立，不仅百废待兴，还随时面临国民党的反攻，诸多国家事宜均采取便宜之策。因此，中国人民政治协商会议第一次会议仅仅通过了《中国人民政治协商会议共同纲领》《中国人民政治协商会议组织法》和《中华人民共和国中央人民政府组织法》，如此有限的中央立法权必然要赋予地方较大的立法权。而作为对地方立法的监督措施，备案成为必然的选择。

也正是因此，在全国局势稳定且可以有效掌控全局后，备案制度也自然随着形势的变迁而变化。在计划经济的指导思想指引下，中央开始强化中央集权、削弱地方权力，取消地方立法权实属必然之举。1954年6月19日，中央人民政府委员会通过了《关于撤销大区一级行政机构和合并若干省、市建制的决定》，在8月至11月，华北、东北、华东、西北、中南、西南6个大区行政委员会悉数被撤销，大行政区一级的立法职权随之不复存在。1954年9月通过的《中华人民共和国宪法》（以下简称《宪法》）第22条规定："全国人民代表大会是行使国家立法权的唯一机关。"同期通过的《中华人民共和国地方各级人民代表大会和地方各级人民委员会组织法》（以下简称《地方组织法》）中完全体现上述规定未赋予地方享有立法权。① 虽然一般地方立法权被取消，但是1954年《宪法》第60条第3款和第4款规定，地方各级人大有权改变或者撤销本级人民委员会的不适当的决议和命令，县级以上的人大有权改变或者撤销下一级人大的不适当的决议和下一级人民委员会的不适当的决议和

---

① 根据该法第6条第1项、第2项的规定，县级以上地方各级人民代表大会在本行政区域内行使保证法律、法令和上级人民代表大会决议的遵守和执行，以及在职权范围内通过和发布决议的职权。第27条第1项规定，县级以上的人民委员会在本行政区域内行使根据法律、法令、本级人民代表大会的决议和上级国家行政机关的决议和命令，规定行政措施，发布决议和命令，并且审查这些决议和命令的实施情况的职权。

命令；不仅如此，1954年《宪法》第70条第4款规定："自治区、自治州、自治县的自治机关可以依照当地民族的政治、经济和文化的特点，制定自治条例和单行条例，报请全国人民代表大会常务委员会批准。"

随着一般地方立法权消失，仅保留的民族自治地方立法不再采取备案而径行由全国人大常委会批准，对一般地方立法采取改变或撤销的审查方式。但是，鉴于地方事务的烦琐以及中央政府无法应对各地繁杂的事务，一些省级政府并未完全遵循1954年《宪法》和《地方组织法》的规定，制定一些规范性文件以应对地方管理亟需。1956年发表的《论十大关系》在谈及中央与地方关系时，毛泽东指出："我们的宪法规定，立法权集中在中央。但是在不违背中央方针的条件下，按照情况和工作需要，地方可以搞章程、条例、办法，宪法并没有约束。"①毛泽东的务实作风也使得这一时期的地方立法并未完全消失，如辽宁、湖南、陕西等地方一直存在零星的地方立法现象。②但是，皮之不存，毛将焉附，备案制度暂时结束了其短暂的历史使命。

1978年《宪法》延续1954年《宪法》的做法，根据1978年《宪法》第36条第1款和第2款，地方各级人民代表大会在本行政区域内，"保证宪法、法律、法令的遵守和执行""可以依照法律规定的权限通过和发布决议"；第39条第2款规定："民族自治地方的自治机关可以依照当地民族的政治、经济和文化的特点，制定自治条例和单行条例，报请全国人民代表大会常务委员会批准。"因此，对于整个备案审查制度而言，此阶段是仅有审查而无备案的单轨运行期。

---

① 《毛泽东著作选读》（下册），人民出版社1986年版，第729页。
② 吴大英、刘瀚、陈春龙、信春鹰、周新铭：《中国社会主义立法问题》，群众出版社1984年版，第241页。

第二节 1979—2000 年《中华人民共和国立法法》颁布备案审查的萌芽

1978 年 3 月，邓小平当选为中国人民政治协商会议第五届全国委员会主席后，随即开始推动拨乱反正、领导和支持开展真理标准问题的讨论，提出要尽快把全党工作重点转移到经济建设上来。1978 年年底召开的十一届三中全会提出了改革开放的重大决策，从而"开启了中国改革开放历史新时期"。此时，中央最高领导层面集体已经意识到，必须对经济和政治领域放权，要给企业放权、要给人民放权、要给地方放权。[①] 同时也意识到法治的重要性，"分权立法……是涉及我国政治体制的重大改革，它只能以法律的形式表示"[②]；"必须使民主制度化、法律化，使这种制度和法律不因领导人的改变而改变，不因领导人的看法和注意力改变而改变。"[③] 正是在这种朴素的法治理念指引下，尽管还暂时无法弥补 1978 年《宪法》的遗留缺憾，但是 1979 年通过的《地方组织法》首次以基本法的形式赋予了地方立法权，这无疑是一个历史的巨大进步。

1979 年《地方组织法》第 6 条规定："省、自治区、直辖市的人民代表大会根据本行政区域的具体情况和实际需要，在和国家宪法、法律、政策、法令、政令不抵触的前提下，可以制订和颁布地方性法规，并报全国人民代表大会常务委员会和国务院备案。"第 27 条规定："省、自治区、直辖市的人民代

[①] 肖巧平：《地方人大与其常委会立法权限划分研究》，法律出版社 2015 年版，第 71 页。
[②] 沈关成：《对地方立法权的再认识》，载《中国法学》1996 年第 1 期，第 17 页。
[③] 《邓小平文选》，人民出版社 1994 年版，第 146 页。

表大会常务委员会在本级人民代表大会闭会期间,根据本行政区域的具体情况和实际需要,在和国家宪法、法律、政策、法令、政令不抵触的前提下,可以制订和颁布地方性法规,并报全国人民代表大会常务委员会和国务院备案。"根据第28条第6项的规定,县级以上的地方各级人民代表大会常务委员会可以改变或者撤销下一级人民代表大会的不适当的决议。由此备案制度再次复兴,而地方人民代表大会常务委员会也开天辟地地享有了对规范性文件的审查权。1982年8月,全国人大常委会办公厅对地方报送备案的地方性法规进行了审查,审查了近百件地方性法规,并做了处理,这是备案审查的初步尝试。[①]

为了对党的十一届三中全会以来拨乱反正和民主建设成果以根本法的形式加以确认和巩固,也是为了继承和发展1954年《宪法》,1982年《宪法》顺应历史潮流而被制定并实施。1982年《宪法》第100条规定:"省、直辖市的人民代表大会和它们的常务委员会,在不同宪法、法律、行政法规相抵触的前提下,可以制定地方性法规,报全国人民代表大会常务委员会备案。"备案审查制度从此有了宪法依据。不仅如此,1982年《宪法》一改1979年《地方组织法》的做法,不仅赋予了县级以上地方人民代表大会常务委员会对下级人民代表大会不适当决定的审查权,而且也赋予了其对同级政府不适当决定的审查权,这意味着对规范性文件审查对象的拓展。[②] 为了符合宪法的规定,全国人民代表大会迅速对《地方组织法》作了修改和补充,修改后的《地方组织法》第27条第2款规定:"省、自治区的人民政府所在地的市和经国务院批准的较大的市的人民代表大会常务委员会,可以拟订本市需要的地方性法规草案,提请省、自治区的人民代表大会常务委员会审议制定,并报全国人民代表

[①] 本书编写组:《规范性文件备案审查制度理论与实务》,中国民主法制出版社2011年版,第98页。

[②] 1982年《宪法》第104条规定:"县级以上的地方各级人民代表大会常务委员会……撤销本级人民政府的不适当的决定和命令;撤销下一级人民代表大会的不适当的决议;……"

大会常务委员会和国务院备案。"根据这一规定,省会城市和经国务院批准的较大的市只有地方性法规草案的拟定权,没有制定权。鉴于1954年《宪法》规定的立法权完全由全国人大行使,1982年《宪法》赋予地方的立法权通常被认为本属于全国人大而授权给了地方,以及人民主权理念下立法权当然属于最高代表机关的认识,因此要受到全国人民代表大会常务委员会的监督,该立法权在当时也因此被称为"半个立法权"。因此,1982年,全国人民代表大会常务委员会以修改《地方组织法》的形式授权沈阳等27个省会城市获得法规草案"拟定权";1984年,唐山等12个较大的市获得法规草案"拟定权"。

不仅如此,根据1982年《宪法》第67条第8项的规定,全国人民代表大会常务委员会有权"撤销省、自治区、直辖市国家权力机关制定的同宪法、法律和行政法规相抵触的地方性法规和决议"。据此,"备案"与"审查"第一次共同指向同一对象——省级人民代表大会及其常务委员会制定的地方性法规。宪法明确规定了地方性法规的备案和撤销,把备案制度和撤销制度结合起来,确立了两者的对应关系,这是对备案与审查关系的初步规定。[①]

随着改革开放的深入、市场经济的发展,国家治理需直面层出不穷且复杂多样的新型社会关系,亟需赋予省会城市和较大的市立法权以深化社会主义市场经济改革。于是,1986年修改后的《地方组织法》第27条第2款规定:"省、自治区的人民政府所在地的市和经国务院批准的较大的市的人民代表大会常务委员会,可以拟订本市需要的地方性法规草案,提请省、自治区的人民代表大会常务委员会审议制定,并报全国人民代表大会常务委员会和国务院备案。"虽然从"拟定权"改为"制定权",地方立法权得到了承认,但是当时仍然担心省会城市和较大的市立法能力不足,因此并未赋予其完整的立法权。由省、自治区的人民代表大会常务委员会审议,更加凸显"半个立法权"的

[①] 本书编写组:《规范性文件备案审查制度理论与实务》,中国民主法制出版社2011年版,第98页。

特性，不仅如此，还需向全国人民代表大会常务委员会和国务院备案。关于向全国人民代表大会常务委员会和国务院备案的规定没有修改，仍由省级人民代表大会常务委员会报送，省会城市、较大市制定的地方性法规仍不能直接报送备案。然而，此阶段实务中的"备案"并未与"审查"结合起来。[1] 备案只是针对省级人民代表大会及其常务委员会制定的规范性文件，而审查则指除省级人民代表大会及其常务委员会之外的各级人民代表大会所制定的规范性文件。"全国人大常委会只是将备案的规范存档以备查阅，备案＝存档，而没有通过备案来进行审查。"[2] 因此，此时的审查和备案是两个完全不同的制度。1979—1986 年，全国共制定地方性法规、地方政府规章、国务院部门规章近6000 件,[3] 地方性法规数量的快速上升，使得对地方性法规备案审查制度的进一步完善势在必行。

于是，1987 年国务院办公厅颁布了《关于地方政府和国务院各部门规章备案工作的通知》（国办发〔1987〕15 号），同年《全国人民代表大会常务委员会办公厅、国务院办公厅关于地方性法规备案工作的通知》颁布实施。从此，规章备案和地方性法规备案正式确立。但是，备案制度的详细建构尚在摸索中。

随着行政诉讼法草案的出台，为了提升法规规章质量、避免在行政诉讼中因与上位法冲突而被法院不予适用的状况出现，在 1989 年 4 月颁布的《行政诉讼法》于 1990 年 10 月 1 日施行前，国务院未雨绸缪，于 1990 年颁布了《法规规章备案规定》。不仅如此，国务院办公厅于 1990 年 4 月 29 日下发了《国务院办公厅关于贯彻实施〈法规规章备案规定〉的通知》，敦促各部委及

---

[1] 陈运生：《地方人大常委会的规范审查制度研究》，中国政法大学出版社 2013 年版，第 77 页。
[2] 宋鹏举、俞俊峰：《论法规规章备案审查制度的完善》，载《人民论坛》2011 年第 6 期，第 90 页。
[3] 赵威：《中国法规规章备案制度的创建（上）》，载《中国法律》2014 年第 3 期，第 30 页。

地方切实贯彻法规规章备案，纠正一些容易出现的问题。① 至此，我国备案审查制度开始走向法制化并得以完善。

从1993年修订的《宪法》将"国家实行社会主义市场经济"和"国家加强经济立法，完善宏观调控"等内容写入宪法，地方立法开始茁壮成长。但是，1988—1993年，仅有宁波等6个较大的市获得立法权。"半个立法权"及对地方立法能力的不信任导致地方立法步履蹒跚，对地方立法欲放又止的态度也使得强化对地方立法放权后的监督机制成为当时的共识。于是，1995年修改的地方组织法，对省级政府和较大的市政府制定的规章实行备案制度。② 此阶段的"备案"开始包括"审查"，③ 备案即意味着审查，备案开始与审查密切联系在一起。

第三节 2000—2013年备案审查制度确立与停滞

2000年3月，第九届全国人民代表大会第三次会议通过了《中华人民共和国立法法》（以下简称《立法法》），在第五章"适用与备案"专章对备案时间和备案机关（第89条）、审查启动要件（第90条）、审查期限与审查方式（第91条）、审查结果（第88条）等做出了较为系统的规定。从此，备案一改以往"程序性的登记"形象，开始与"审查"紧密联系在一起，上述可

---

① 赵威：《中国法规规章备案制度的创建（上）》，载《中国法律》2014年第3期，第28页。
② 《地方组织法》第60条规定："省、自治区、直辖市的人民政府可以根据法律、行政法律和本省、自治区、直辖市的地方性法规，制定规章，报国务院和本级人民代表大会常务委员会备案。省、自治区的人民政府所在地的市和经国务院批准的较大的市的人民政府，可以根据法律、行政法规和本省、自治区的地方性法规，制定规章，报国务院和省、自治区的人民代表大会常务委员会、人民政府以及本级人民代表大会常务委员会备案。"
③ 陈运生：《地方人大常委会的规范审查制度研究》，中国政法大学出版社2013年版，第78页。

操作性规定也使得《立法法》成为我国备案审查制度确立的标志。但是，备案与审查仍然是两种制度，对规范性文件的审查途径既可以通过备案，也可以由其他主体依法申请对其进行审查，或有关有权审查主体主动审查。

将备案与审查作为一个专有名词或法律术语、制度予以正式使用源于2000年10月全国人民代表大会常务委员会通过的《行政法规、地方性法规、自治条例和单行条例、经济特区法规备案审查工作程序》（以下简称《备案审查工作程序》），"备案审查"一词由此开始步入历史。《备案审查工作程序》进一步对备案审查程序进行了细化，使之更具有操作性。如第5条规定："报送备案的法规由全国人大常委会办公厅秘书局负责接收、登记、存档。常委会办公厅秘书局按照全国人大各专门委员会的职责分工，将报送备案的法规分送有关的专门委员会。"第7条规定："国务院、中央军事委员会、最高人民法院、最高人民检察院和各省、自治区、直辖市的人大常委会认为法规同宪法或者法律相抵触，向全国人大常委会书面提出审查要求的，由常委会办公厅报秘书长批转有关的专门委员会对法规进行审查。上述机关之外的其他国家机关和社会团体、企业事业组织以及公民认为法规同宪法或者法律相抵触，向全国人大常委会书面提出审查建议的，由常委会工作机构先行组织有关人员进行研究。需要审查的，由常委会办公厅报秘书长批准后，送有关的专门委员会对法规进行审查。被审查的法规的内容涉及两个或者两个以上专门委员会的，应同时分送有关的专门委员会进行审查。"

为了践行《立法法》中法规规章备案的规定，2001年12月国务院对1990年颁布实施的《法规规章备案规定》进行修订，并制定颁布了《法规规章备案条例》，首次明确法规规章的备案即意味着审查。[①]《法规规章备案条例》第

---

① 第5条规定："国务院法制机构依照本条例的规定负责国务院的法规、规章备案工作，履行备案审查监督职责。"第10条规定："国务院法制机构对报送国务院备案的法规、规章，就下列事项进行审查：……"

21 条规定:"省、自治区、直辖市人民政府应当依法加强对下级行政机关发布的规章和其他具有普遍约束力的行政决定、命令的监督,依照本条例的有关规定,建立相关的备案审查制度,维护社会主义法制的统一,保证法律、法规的正确实施。"于是,备案审查制度开始受到各界关注,并以自上而下的方式由中央到地方逐渐建立起来。

2003 年轰动一时的"孙志刚案"使得《城市流浪乞讨人员收容遣送办法》面临违宪审查的尴尬境地,国务院反应迅速,制定了《城市生活无着的流浪乞讨人员救助管理办法》,对在城市生活无着的流浪、乞讨人员实行救助。为了实现建设法治政府的目标,监督规范性文件的合法性,2004 年 3 月,国务院颁布《全面推进依法行政实施纲要》(国发〔2004〕10 号),提出了"有件必备、有备必审、有错必纠"的备案审查目标要求。同年 5 月,全国人大常委会在全国人大常委会法制工作委员会内设立法规审查备案室,专门审查法规和规章的合法性,借此强化备案审查,使其真正发挥功效。2005 年 12 月,全国人大常委会修订了《行政法规、地方性法规、自治条例和单行条例、经济特区法规备案审查工作程序》,并通过了《司法解释备案审查工作程序》。这不仅将司法解释纳入备案审查范畴中,还将主动审查程序予以明确:专门委员会认为备案的法规同宪法或者法律相抵触的,可以主动进行审查,会同法制工作委员会提出书面审查意见;法制工作委员会认为备案的法规同宪法或者法律相抵触,需要主动进行审查的,可以提出书面建议,报秘书长同意后,送有关专门委员会进行审查。

2006 年,中共中央办公厅、国务院办公厅《关于预防和化解行政争议健全行政争议解决机制的意见》(中办发〔2006〕27 号)明确要求"县级以上地方人民政府都要建立规范性文件备案制度",且"有件必备、有备必审、有错必纠",实行"四级备案、三级审查"(即省、市、县、乡四级政府,向省、市、县三级备案机关备案)。由此可见,为了提升立法质量、杜绝在立法源头上可能引发争议，中央开始在政策层面强化对地方规范性文件的备案审查制度的建立与完善。

2007年实施的《中华人民共和国各级人民代表大会常务委员会监督法》（以下简称《监督法》）在第五章"规范性文件的备案审查"专章再次对备案审查程序进行细化。《监督法》第31条、第32条和第33条对司法解释的审查作出了规定，第29条对县级以上各级人大常委会审查、撤销下一级人民代表大会及其常务委员会作出的不适当的决议、决定和本级人民政府发布的不适当的决定、命令的程序的制定进行了授权规定，第30条对审查后做出撤销的情形予以了细化。①

2008年，温家宝总理在十一届人大一次会议上作的中央政府工作报告中提出"加强法规、规章和规范性文件的备案审查"。随后，《国务院关于加强市县政府依法行政的决定》（国发〔2008〕17号）要求市、县一级政府建立和完善规范性文件备案审查制度。

在此阶段，为了践行依法治国的理念，备案审查制度在形式上已经建立起来，然而囿于观念和诸如审查标准、程序等的设计缺陷，虽然有零星的备案审查，但是备案率和审查效果不尽人意。乔晓阳委婉形容到："鸭子浮水，脚在下面动，上面没有看出来"。② 可以说此阶段的备案审查制度仅仅停留于纸面，处于停滞状态。

---

① 第30条规定："县级以上地方各级人民代表大会常务委员会对下一级人民代表大会及其常务委员会作出的决议、决定和本级人民政府发布的决定、命令，经审查，认为有下列不适当的情形之一的，有权予以撤销：（一）超越法定权限，限制或者剥夺公民、法人和其他组织的合法权利，或者增加公民、法人和其他组织的义务的；（二）同法律、法规规定相抵触的；（三）有其他不适当的情形，应当予以撤销的。"

② 李丽：《违宪审查：树立宪法的最高权威——纪念82宪法实施30周年（下）》，载《中国青年报》2012年10月18日。

第四节 十八届三中全会之后备案审查发展与完善

2013年11月,党的十八届三中全会通过的《中共中央关于全面深化改革若干重大问题的决定》,首次提出"完善和发展中国特色社会主义制度,推进国家治理体系和治理能力现代化"这一重大命题;还进一步提出健全宪法实施监督机制和程序,把实施宪法要求提高到一个新水平,"完善规范性文件、重大决策合法性审查机制""健全法规、规章、规范性文件备案审查制度"。鉴于备案审查制度是落实依法治国方略的重要途径,是维护宪法权威的重要机制,事关全面深化改革、推进国家治理体系和治理能力现代化的重大举措,党的十八届三中全会开启了备案审查制度发展的新篇章。

2014年10月,党的十八届四中全会通过《中共中央关于全面推进依法治国若干重大问题的决定》,在党的历史上第一次以法治为全会主题的决定中,全面且具体地指出:"加强备案审查制度和能力建设,把所有规范性文件纳入备案审查范围,依法撤销和纠正违宪违法的规范性文件,禁止地方制发带有立法性质的文件。"由此可见,各种红头文件取代、僭越立法的状况将成为历史,这也为备案审查制度的进一步完善提供了契机和政策依据。

党的十八届三中全会以来,从全国人大常委会、国务院到县级以上政府都在积极推进备案审查工作。虽然官方层面的推进在悄然进行,没有官方消息显示公民、组织的审查建议获得反馈或启动审查,但并不表明这项工作在2015

年之前毫无展开，只是如"鸭子浮水，脚在下面动，上面没有看出来"。①

2015年注定是中国备案审查制度史上不同凡响的一年。为了进一步遏制各级政府及部门滥发红头文件的陋习，2015年中央办公厅颁布了《法规、规章和规范性文件备案审查衔接联动机制的意见》，提出建立党委、人大、政府和军队系统之间的规范性文件备案审查衔接联动机制，实现有件必备、有备必审、有错必纠。2015年，全国人大常委会三次打包修改法律，取消或者下放部分行政审批事项。随后，全国人大常委会法工委（以下简称"法工委"）启动专项审查，对有关的107件地方性法规逐件进行审查研究，督促地方人大常委会对30件与修改后的法律规定不一致的地方性法规及时作出修改。② 2016年12月，法工委制定了《全国人大常委会法制工作委员会法规、司法解释备案审查工作规程（试行）》，司法解释开始正式纳入备案审查的范畴中来。

也正是在2015年10月，杭州居民潘某斌因不服杭州交警扣留其电动车于2016年4月向全国人大常委会书面提出请求，审查作为处罚依据的《杭州市道路交通安全管理条例》因增设了"扣留非机动车并托运回原籍"新行政强制而违反了上位法。这一事件犹如一石激起千层浪，在各界的关注下，2017年6月，全国人大常委会法工委经审查要求浙江省人大做出监督纠正，杭州市人大常委会随即对该地方性法规作出修改。③ 从2015年起，公民提请审查却最终石沉大海的状况开始改观。据学者统计，从2015年至2017年年底，共有8

---

① 郑磊、赵计义：《"全覆盖"的备案审查制度体系勾勒——2018年备案审查年度报告评述》，载《中国法律评论》2019年第4期，第99页。

② 沈春耀：《全国人民代表大会常务委员会法制工作委员会关于十二届全国人大以来暨2017年备案审查工作情况的报告》。

③ 杨维汉、陈菲：《一辆电动自行车牵动全国人大常委会》，http：//www.xinhuanet.com//2017-02/26/c_1120531540.htm.

例向全国人大常委会提出的审查请求,①已有 7 个地方对相关地方性法规做出修改②,有 3 项司法解释和一项法律规定做出相应处理③。渐渐地备案审查不再是仅仅关乎庙堂构建而远离江湖的宏大叙事,开始成为寻常百姓借以维护其权利的又一重要途径,其影响及意义不可谓不深远。

2017 年 12 月,十二届全国人大常委会第三十一次会议,首次听取并审议法工委所作的《十二届全国人大以来暨 2017 年备案审查工作情况的报告》。该报告指出,加强备案审查,健全备案审查制度,有利于完善宪法监督制度,为推进合宪性审查工作奠定坚实基础。从 2013 年 3 月至 2017 年 12 月,十二届全国人大常委会共接收报送备案的规范性文件 4778 件。其中,行政法规 60 件,省级地方性法规 2543 件,设区的市地方性法规 1647 件,自治条例 15 件,单行条例 248 件,经济特区法规 137 件,司法解释 128 件。2017 年度,全国人大常委会共接收报送备案的规范性文件 889 件。该报告首次集中公布了近年来全国人大备案审查中推动相关部门纠正"带病文件"的十大案例。不仅如此,

---

① 如 2015 年 11 月,公民颜某向全国人大常委会提请审查《江苏省物业管理条例》。2016 年 9 月,全国各地 129 名律师联署签名请求依法撤销司法部新颁《律师事务所管理办法》的建议书,致国务院并抄报全国人大常委会。2016 年 9 月,内蒙古自治区苗永军律师,对最高人民检察院制定的《关于人民检察院审查逮捕工作中适用"附条件逮捕"的意见(试行)》降低了逮捕法定标准提出审查建议。2016 年,中国建筑业行业组织对地方性法规中关于政府投资和以政府投资为主的建设项目以审计结果作为工程竣工结算依据的规定提出审查建议。2017 年 5 月,王全兴等 4 名学者向全国人大常委会致信,提出 7 个省份计生法规规定,用人单位对超生职工解除劳动合同或者辞退、开除违反劳动法相关规定。2017 年 4 月,20 多所高校 108 名研究生联名向全国人大常委会提出审查建议,对地方性法规中规定的著名商标制度进行审查。依据是商标法中没有"著名商标"概念,有关规定有违市场公平原则。2016 年以来,不断有代表对《最高人民法院关于适用〈中华人民共和国婚姻法〉若干问题的解释(二)》第 24 条引发的离婚后"被负债"提出审查请求。

② 郑磊:《十二届全国人大常委会审查建议反馈实践:轨迹勾勒与宏观评述》,载《中国法律评论》2018 年第 1 期,第 101 – 102 页。

③ 全国人大常委会法工委在主动审查中发现,有关非法行医的司法解释中,将个人未取得医疗机构执业许可证开办医疗机构的行为认定为非法行医罪的,与刑法有关规定不一致;民事诉讼法司法解释中有关拘传原告和被执行人的规定,与民事诉讼法关于拘传仅限于被告的规定不一致。最高人民法院依据全国人大法工委的审查意见做出了修改。同样,根据全国人大法工委依申请对《最高人民法院关于适用〈中华人民共和国婚姻法〉若干问题的解释(二)》第 24 条的审查建议,最高人民法院做出了修改。

该报告还指出，法制工作委员会通过运用备案审查衔接联动机制，推动纠正存在问题的规范性文件，实现备案审查全覆盖。备案审查工作还将建立健全全国统一的备案审查信息平台，实现互联互通。[①] 随后，全国人大常委会除了积极采取措施提供有效便捷的物质技术保障，努力实现备案审查工作制度化、规范化、数字化、智能化，"有件必备、有备必审、有错必纠"，还推进备案审查工作情况报告制度，保证人大常委会依法履行职责。[②] 备案审查制度开始有了技术保障，并逐步得以完善，以积极的态势践行依法治国的伟大实践。

在党的十九大报告中，习近平强调"全面依法治国是国家治理的一场深刻革命，必须坚持厉行法治，推进科学立法、严格执法、公正司法、全民守法。成立中央全面依法治国领导小组，加强对法治中国建设的统一领导。强化宪法实施和监督，推进合宪性审查工作，维护宪法权威。"十九届二中全会公报认为，我们党高度重视宪法在治国理政中的重要地位和作用，明确坚持依法治国首先要坚持依宪治国，坚持依法执政首先要坚持依宪执政，把实施宪法摆在全面依法治国的突出位置，采取一系列有力措施加强宪法实施和监督工作，为保证宪法实施提供了强有力的政治和制度保障。这无疑为备案审查制度提供了思想上的指引，为仅一步完善备案审查制度夯实了基础。从此，备案审查制度由过去的"鸭子凫水"开始了乘风破浪的征程。

2019 年 10 月，全国人大常委会作出决定，赋予国家监察委制定监察法规的权力，并要求监察法规应当在公布后的 30 日内报全国人大常委会备案。全国人大常委会有权撤销同宪法和法律相抵触的监察法规。[③] 由此，进一步拓宽了规范性文件备案审查的范围，不仅凸显备案审查的重要性，也为备案审查真

[①] 沈春耀：《全国人民代表大会常务委员会法制工作委员会关于十二届全国人大以来暨2017年备案审查工作情况的报告》。

[②] 《加强和改进地方立法工作提升地方依法治理能力和水平 在第二十五次全国地方立法工作座谈会上的小结（摘要）》，载《法制日报》2019 年 11 月 20 日。

[③] 《全国人民代表大会常务委员会关于国家监察委员会制定监察法规的决定》，载 http：//www.npc.gov.cn/npc/c30834/201910/911aed040a7948a3b2679568d6216140.shtml。

正做到全覆盖奠定了基础。2019年12月,《全国人民代表大会常务委员会法制工作委员会关于2019年备案审查工作情况的报告》显示,报送全国人大常委会备案的行政法规、地方性法规、司法解释共1485件,其中行政法规53件,省、自治区、直辖市地方性法规516件,设区的市、自治州、不设区的地级市地方性法规718件,自治条例和单行条例99件,经济特区法规58件,司法解释41件。地方政府规章基本上纳入地方人大常委会备案审查范围,有14个省(区、市)将地方有关司法规范性文件纳入备案审查范围,有2个省纳入依申请审查范围。①

2019年12月4日,在第六个国家宪法日,全国人大常委会又对备案审查推出一项重磅举措:一项全新的功能在中国人大网上正式上线——在线提交审查建议。这意味着,从此,公民又多了一个提出审查建议的快捷渠道,在线即可向全国人大常委会法工委提交审查建议。② 2019年12月,十三届全国人大常委会第十四次会议通过了《法规、司法解释备案审查工作办法》和《全国人民代表大会常务委员会关于国家监察委员会制定监察法规的决定》。这意味着全国人大常委会的备案审查工作将更加制度化、规范化,监察法规已纳入全国人大常委会备案审查工作的范围,为地方各级人大常委会开展规范性文件备案审查工作提供具体指导和参照。

第五节 备案审查的现状与存在的问题

自2017年全国人大常委会法工委向全国人大常委会进行备案审查年度报

---

① 沈春耀:《全国人民代表大会常务委员会法制工作委员会关于2019年备案审查工作情况的报告》。
② 《宪法日,备案审查网络直通车正式开通:公民可一键提交审查建议》,载http://www.npc.gov.cn/npc/c30834/201912/e52670b8c5324ec8a64620ee247b28d4.shtml。

告以来，迄今已成为一种常态化机制。备案审查制度始终以十八届四中全会提出的"把所有规范性文件纳入备案审查范围"的要求为出发点，在"有件必备、有备必审、有错必纠"宗旨下，在人大主导下构建足以实现备案全覆盖的审查制度。但是，由于备案审查制度还处于探索阶段，尚存在一些缺憾和不足。

一、主体多元化导致无法真正确立有效备案审查工作机制

在备案审查主体即由谁来审查方面，鉴于我国立法采取"一元两级多层次"立法体制，[①] 根据《立法法》，全国人民代表大会常务委员会、国务院、省及自治区人民代表大会常务委员会、省及自治区人民政府、授权决定规定的机关等均可成为备案审查主体。由此可见，我国备案审查主体由以各级人民代表大会委员会代表的立法机关和以各级人民政府为代表的行政机关两类构成。前者是基于立法机关自身性质以及在我国权力配置体系中的权威地位，为了维护我国法律体系的统一性而具备备案审查主体资格；后者则是依据政府间上下级直接领导、监督关系而对下级政府的规范性文件进行必要的审查。不仅如此，根据《立法法》第98条的规定，凡涉及中央与地方监督关系的，均由立法机关和行政机关同时予以备案审查，备案机关有时多达四个。而根据《立法法》第72条的规定，对于设区的市的地方性法规备案审查，先由省、自治区人大常委会进行批准审查，然后再交由全国人大常委会依照《立法法》第98条的规定进行备案审查。

依据目前《立法法》，法规备案审查主体和客体间并非完全对应，许多备

---

① 周旺生：《立法学》，法律出版社2004年版，第149–150页。

案审查对象需要同时在两个及两个以上的机关进行备案。这势必造成不同备案审查主体的审查效力存在潜在冲突,即多个备案机关是否会对同一备案对象进行审查却得到不同的审查结果,基于不同的审查结果备案机关分别行使改变和撤销权后同一部立法的效力又该如何确定。[①] 若是在上下级政府间或是具有层级关系的各级人大常委会对于同一立法做出不同的审查结果,可以依据权力的层级关系以及人大常委会间的监督关系予以处理。但是,如果政府与人大常委会对同一立法审查意见相左,立法上对此并未规定,学理上也未曾予以探讨。

二、备案审查范围不一导致审查工作机制混乱

《中共中央关于全面推进依法治国若干重大问题的决定》规定:"加强备案审查制度和能力建设,把所有规范性文件纳入备案审查范围。"然而,各地对规范性文件范围的界定标准不尽一致。依法理,凡涉及公民、法人和其他组织权利义务,且具有普遍约束力、可以反复适用的文件均属于规范性文件范畴。但部分地方制定机关对文件"规范性"尺度标准把握上有差异,致使有些应该纳入报备审查的规范性文件未被纳入,也有的制定机关仅以文件名称和文种形式进行判断,将一些不属于规范性文件的内部规定、工作方案、表彰奖励等文件进行报备。根据《国家行政机关公文处理办法》第9条,行政机关的公文种类主要有命令(令)、决定、公告、通告、通知、通报、议案、报告、请示、批复、意见、函、会议纪要等13种形式。鉴于我国《国家行政机关公文处理办法》经过多次修订,诸如指示等一些公文形式虽然已经消失,

---

① 王锴:《论规范性文件的备案审查》,载《浙江社会科学》2010年第11期,第12页。

但不排除这些"曾经"的公文仍然具有效力。据此,有学者指出,这些曾经的公文种类仍有研究的价值,也应被划入其他规范性文件的行列。① 因此,对于各级人民政府大量以通知、意见、办法、批复、公告、会议纪要等形式进行行政活动,只要具有反复适用性和普遍约束力,均可视为与决议、决定、命令符合同样的实质要件和形式要件,理应被纳入备案审查的范围。

《监督法》《法规、司法解释备案审查工作办法》《法规规章备案条例》的规定与《立法法》和中央政策存在冲突之处。《监督法》第五章"规范性文件的备案审查"中未将全国人大及其常委会的决议、决定以及各级政府工作部门制定的命令、指示包含在内,因此,《监督法》备案审查的范围是针对有限的规范性文件,即行政法规、地方性法规、自治条例和单行条例、规章(第28条)、地方各级人民代表大会常务委员会(第29条、第30条)的决议、决定以及司法解释(第31条、第32条、第33条)。而《法规、司法解释备案审查工作办法》第26条第2项、第4项和第5项却将范围广泛的"其他规范性文件"纳入省级人大常委会备案审查:对地方政府制定的规章和其他规范性文件移送制定机关所在地的省级人大常委会审查,并可同时移送司法部审查;对地方监察委员会制定的规范性文件,移送制定机关所在地的省级人大常委会审查,并可同时移送国家监察委员会审查;对地方人民法院、人民检察院制定的属于审判、检察工作范围的规范性文件提出的审查建议,移送制定机关所在地的省级人大常委会,并可同时移送最高人民法院、最高人民检察院。《法规规章备案条例》10条规定:"国务院法制机构对报送国务院备案的法规、规章,就下列事项进行审查:(一)是否超越权限;(二)下位法是否违反上位法的规定;(三)地方性法规与部门规章之间或者不同规章之间对同一事项的规定不一致,是否应当改变或者撤销一方的或者双方的规定;

---

① 王锴:《论规范性文件的备案审查》,载《浙江社会科学》2010年第11期,第11–12页。

(四）规章的规定是否适当；（五）是否违背法定程序。"于是，有学者指出，如果这个范围过窄，可能使备案审查制度难以发挥作用；如果这个范围过宽，由于我国规范性文件的数量庞大，都交由备案机关来审查，既不现实也不可能。那么，到底哪些规范性文件应纳入备案审查的范围？①

由于备案审查范围不明晰，使得各地无所适从，于是在提交备案审查时格式不规范、报送材料不完整等问题也比较突出，为审查工作带来诸多不便。

三、备案审查标准不统一致使备案审查碎片化

《立法法》并未规定统一的备案审查标准，仅能透过第 99 条和第 100 条的规定推断出，全国人大常委会作为审查主体时是以合宪性和合法性作为审查标准。② 根据《立法法》第 102 条："其他接受备案的机关对报送备案的地方性法规、自治条例和单行条例、规章的审查程序，按照维护法制统一的原则，由接受备案的机关规定。"对于其他审查主体进行的备案审查，法制统一是其审查标准。然而，合宪性和合法性标准与法制统一标准究竟有何区别，可谓仁者见仁、智者见智。

于是乎，我们看到差别迥异的审查标准，如《立法法》第 96 条规定："法律、行政法规、地方性法规、自治条例和单行条例、规章有下列情形之一的，由有关机关依照本法第九十七条规定的权限予以改变或者撤销：（一）超越权限的；（二）下位法违反上位法规定的；（三）规章之间对同一事项的规

---

① 王错：《论规范性文件的备案审查》，载《浙江社会科学》2010 年第 11 期，第 13 页。
② 《立法法》第 99 条规定："国务院、中央军事委员会、最高人民法院、最高人民检察院和各省、自治区、直辖市的人民代表大会常务委员会认为行政法规、地方性法规、自治条例和单行条例同宪法或者法律相抵触的，可以向全国人民代表大会常务委员会书面提出进行审查的要求，……"第 100 条规定："全国人民代表大会常务委员会专门委员会、常务委员会工作机构在审查、研究中发现行政法规、地方性法规、自治条例和单行条例与宪法和法律相抵触的，可以提出书面审查意见或者研究意见，……"

定不一致，经裁决应当改变或者撤销一方的规定的；（四）规章的规定被认为不适当，应当予以改变或者撤销的；（五）违背法定程序的。"《监督法》第30条规定："县级以上地方各级人民代表大会常务委员会对下一级人民代表大会及其常务委员会作出的决议、决定和本级人民政府发布的决定、命令，经审查，认为有下列不适当的情形之一的，有权予以撤销：（一）超越法定权限，限制或者剥夺公民、法人和其他组织的合法权利，或者增加公民、法人和其他组织的义务的；（二）同法律、法规规定相抵触的；（三）有其他不适当的情形，应当予以撤销的。"而《法规、司法解释备案审查工作办法》第38条规定："对法规、司法解释进行审查研究，发现法规、司法解释违背法律规定，有下列情形之一的，应当提出意见：（一）违反立法法第八条，对只能制定法律的事项作出规定；（二）超越权限，违法设定公民、法人和其他组织的权利与义务，或者违法设定国家机关的权力与责任；（三）违法设定行政许可、行政处罚、行政强制，或者对法律设定的行政许可、行政处罚、行政强制违法作出调整和改变；（四）与法律规定明显不一致，或者与法律的立法目的、原则明显相违背，旨在抵消、改变或者规避法律规定；（五）违反授权决定，超出授权范围；（六）对依法不能变通的事项作出变通，或者变通规定违背法律的基本原则；（七）违背法定程序；（八）其他违背法律规定的情形。"《法规、司法解释备案审查工作办法》第39条规定："对法规、司法解释进行审查研究，发现法规、司法解释存在明显不适当问题，有下列情形之一的，应当提出意见：（一）明显违背社会主义核心价值观和公序良俗；（二）对公民、法人或者其他组织的权利和义务的规定明显不合理，或者为实现立法目的所规定的手段与立法目的明显不匹配；（三）因现实情况发生重大变化而不宜继续施行；（四）变通明显无必要或者不可行，或者不适当地行使制定经济特区法规、自治条例、单行条例的权力；（五）其他明显不适当的情形。"

不仅如此，鉴于多重备案尤其是地方立法双重备案机制的存在，会出现不同备案审查机关对报备的地方立法进行审查,进而做出不同审查结果的状况。应如何解决这种状况?是否应对不同的审查赋予不同的法律效力?尤其在 2015 年《立法法》修改后,设区的市都被赋予了地方立法权,需备案审查的规范性文件迅速增加,因备案机关不同导致审查结果出现差异愈来愈突出。审查结果不一致必然不利于维护备案审查制度的统一,也将影响备案机关的权威,削弱备案审查制度的实际效果。不仅如此,不同审查机关对同一备案文件即使作出相同的审查判断,实际上也会造成备案审查资源的浪费。①

四、纠错与问责机制的欠缺削弱了审查的有效性

依学理,如同合宪性审查一样,备案审查的效力体现在其对所审查对象的宣布无效权。然而,我国并未规定规范性文件的无效宣布制度。欲达此效果,理应赋予备案审查机关同时享有改变和撤销权。根据《立法法》和《监督法》的规定,备案审查机关享有改变或撤销权。但是,有学者指出,现实中还存在一些备案审查机关没有改变或撤销权的情形,比如,省级的地方性法规要报送全国人大常委会和国务院备案,全国人大常委会有权撤销同宪法、法律、行政法规相抵触的省级地方性法规,但国务院对省级的地方性法规并无改变或撤销权,这势必对备案审查的效果产生极大损害。②

徒法不以自行,法律制度的有效运行还需建立严格的问责制度,从而能够对违反规定的行为进行有效的约束。然而,《立法法》第 98 条虽然明确了行政法规、地方性法规、自治条例和单行条例、规章应当在公布后 30 日内报送

---

① 王春业、张宇帆:《设区的市地方立法备案审查制度的困境与出路》,载《北方论丛》2019 年第 3 期,第 212 页。
② 王锴:《论规范性文件的备案审查》,载《浙江社会科学》2010 年第 11 期,第 16 页。

相关机关备案，并具体规定了分别对应的备案主体，但是并未就违反报备义务应当承担何种责任做出明确规制。同样，《监督法》也未对此做出明确规定。尽管法规及规章对此做出了规定，但是存在规定不统一的现象。如《法规规章备案条例》第 20 条规定，对于不报送规章备案或者不按时报送规章备案的，由国务院法制机构通知制定机关，限期报送，逾期仍不报送的，给予通报，并责令限期改正。而各地方性法规及地方性政府规章对此规定五花八门，有的规定予以通报批评、责令改正，有的则规定对相关责任人依法给予行政处分。因此，正是由于统一问责机制的欠缺，虽然我国《宪法》《地方组织法》《立法法》《监督法》《法规、司法解释备案审查工作办法》等都将备案审查列入审查主体的法定职责，相关主体却漠视法律规定，不报送备案、不按时报送备案现象时有发生。这不仅使备案审查制度被虚置，也使备案审查的有效性大打折扣。

五、与其他制度欠缺有效协调

首先，备案审查在启动时贯彻"有备必审、有错必纠"的宗旨，因此是建立在高度怀疑规范性文件质量的出发点上。对此，有学者形象地指出，此举是对每一件报送的规范性文件都进行"有罪推定"，对其进行审查。[①] 在进行主动审查时为了达到"全覆盖"要求，基于人力资源的不足，审查机关多采取自我设定的主观性标准。因此，这种不是以"问题导向"的审查往往导致审查的随意，使得真正合法性、适当性乃至合宪性存疑的规范性文件漏网，造成了资源浪费。

[①] 于金惠：《备案审查的主动与被动》，载《人大研究》2019 年第 3 期，第 52 页。

其次，双重备案审查制度之间缺乏有效衔接。根据《立法法》第 98 条的规定，凡涉及中央与地方监督关系的，均由立法机关和行政机关同时予以备案审查，备案机关有时多达四个。根据《立法法》第 72 条的规定，对于设区的市的地方性法规的备案审查，即先由省、自治区人大常委会进行批准审查，然后再交由全国人大常委会依照《立法法》第 98 条的规定进行备案审查。然而，《地方组织法》第 55 条和第 44 条第 8 项规定：地方人大常委会依法监督、审查的是同级政府的规范性文件；第 58 条第 3 项规定：政府依法监督、审查的是下级政府和同级政府部门的规范性文件，也就是说，政府依法监督、审查的不限于下一级政府规范性文件；由于政府上下级之间是领导关系，根据《宪法》第 98 条第 14 项、《地方组织法》第 55 条的规定，国务院可以改变或撤销地方各级政府的决定、命令。于是乎，如前文所述，出现不同备案机关对同一规范性文件的审查意见不一致时该如何解决，法律未作出明确规定，即使建立两个审查主体之间的沟通协商机制也是无法律依据的无奈之举。不仅如此，有学者指出，备案审查制度异化为两种制度。一方面，在人大系统，由于人大从事备案审查的人手不足等现实原因，许多地方性法规都确立了被动审查原则，实践中备案审查制度往往异化为只备案不审查的备案制度；另一方面，在政府系统，法律规定政府可以改变或撤销下级政府的决定、命令，并不限于下一级政府，从理论上可能造成上两级政府即可改变或撤销下级政府的决定、命令，而该上两级政府则是无须备案的。备案审查制度在实际操作中被异化为备案和审查两种相互脱节、互不"干涉"的制度。① 因此，有学者建议应当尽快将备案审查制度与改变或撤销制度统一起来。②

再次，依据《立法法》《监督法》对"违反上位法规定"进行备案审查

---

① 罗建明：《规范性文件备案审查法律制度缺陷分析》，载《人大研究》2015 年第 6 期，第 21 - 22 页。

② 王锴：《论规范性文件的备案审查》，载《浙江社会科学》2010 年第 11 期，第 15 - 16 页。

时，备案审查主体需能够对"上位法"的内容、原则以及立法原意等进行有效的诠释，即法规备案审查主体必须具备对"上位法"进行解释的权力。但是，《立法法》《监督法》和《法规、司法解释备案审查工作办法》中都未赋予备案审查相应的解释权。因此，"上位法解释权"缺失使得备案审查主体无法对备案审查对象是否"违反上位法规定"进行全面和有效的审查。

此外，有些备案审查主体只有备案审查权，却没有撤销权或改变权，这将使得拥有备案审查权的机关，出现了备案审查权与改变、撤销权不匹配的问题。倘若一份设区的市的地方性法规经过省级人大常委会批准，在报全国人大常委会和国务院备案后，全国人大常委会审查后认为无误，但国务院在备案审查中对该份文件的合法性提出质疑，却出现不享有撤销权的尴尬。有些报备机关只有撤销权，却没有改变权，这使得备案审查机关的权力大小有所不同。对于既拥有备案审查权，又同时拥有改变或撤销权的机关，如果面对同一部地方立法，还可能会出现改变权、撤销权行使中的"打架"问题。[①]

最后，党委、人大、政府之间的联系衔接、互联互通不够。与党委、政府相比，各级人大系统的备案审查信息化建设相对滞后，目前主要还是依靠纸质文件进行报备，使用传统模式审查。另外，党委、人大和政府的备案审查工作相对封闭独立，彼此间的互联互通和衔接联动机制至今没有建立运转，迫切需要以信息化建设为切入口，建立统一的规范性文件备案审查信息平台，实现党委、人大和政府之间以及文件制定主体、报送主体和备案审查主体之间的互联互通和无缝衔接联动。

[①] 王春业、张宇帆：《设区的市地方立法备案审查制度的困境与出路》，载《北方论丛》2019 年第 3 期，第 22 页。

六、备案审查队伍力量薄弱使得备案审查难以有效开展

审查规范性文件是一项法律性、政策性、技术性都很强的工作。目前,部分备案审查主体的工作人员数量和能力还难以适应工作需要。总体来看,各地人大规范性文件备案审查工作机构设置刚刚起步,机构不健全,具有法律背景和法治实践经验的专业人员缺乏等问题比较突出,加之地方对备案审查认识不足、重视程度不够,使得备案审查制度难以有效进行。至于基层人大常委会,备案审查的机构和人员更为薄弱,更难以对规范性文件进行实质性备案审查。

本章小结

虽然我国立法权统一于中央,以中央立法为主导,但是鉴于我国地方幅员辽阔且差异巨大,在发挥两个积极性的倡导下,地方立法不仅在数量上迅猛增长,地方立法权也在不断扩张。虽然地方立法对我国社会发展提供了强有力的制度保障,但是地方立法存在诸多弊端,如地方保护主义、地方部门利益导致的违反上位法、立法程序不完善等。鉴于法制统一的考量,中央和地方关系也愈来愈成为国家治理的重要任务,加之保障公民基本权利的初衷,地方立法备案审查制度也成为我国备案审查制度的重要组成部分。

随着备案审查工作实践的推进,备而不审、分工不明、规则欠缺以及备案范围、审查标准、审查程序等方面的问题越来越成为加强和改进备案审查工作和制度建设中的重要问题。一些比较规范可行的做法需要总结,一些程序性、

原则性的问题亟待明确，有关审查纠错的刚性力度需要进一步落实。特别是《立法法》修改和《法规、司法解释备案审查工作办法》颁布实施后，立法监督方面增加了有关主动审查、常委会工作机构可以提出书面研究意见等一些新的要求和措施，这些都需要结合实践工作予以研究落实、形成制度，以提高备案审查工作的质量和效率。

第二章 地方立法备案审查的性质

鉴于地方立法是我国立法制度的重要组成部分，立法权限划分事关中央与地方关系这一至关重要的宪法问题，对备案审查制度的研究始终是我国学界一个经久不衰的话题。明晰我国地方立法备案审查的性质是备案审查制度构架的基础，因此本章从备案审查的理论基础着手，来深入剖析地方立法备案审查究竟是否属于立法监督，是合法性审查还是合宪性审查抑或合法性与合宪性审查兼而有之，由此进一步论证地方立法备案审查的必要性。

第一节 地方立法备案审查理论基础

人民代表大会制度的理论构成了地方立法备案审查的理论基础。众所周知，人民代表大会制度是我国的根本政治制度，是人民当家作主的重要途径和最高实现形式。而制定社会规则即立法是国家治理的一项最基本的职能。因为，"只有全体人民联合并集中起来的意志（这就是每个人为全体决定同一件事，以及全体为每一个人决定同一件事），应该在国家中拥有制定法律的权力。"① "立法权是人民委托的机关创制法律的权力，它是国家最高的权力，因为谁能够对另一个人订立法律，就必须在他人之上。立法权的目的在于保障社会及其成员的权利。"② "立法权是由人民通过自己的代表机构（即议会）集体行使的一种权力，它反映每个人的自由精神，通过立法自己统治自己。"③ 由人民选举的代表行使国家权力，通过人民代表大会汇集并及时完整地表达全体人民的利益和意志。受人民民主专政理论以及苏联高度集权的立法体制的影响，无论从理论还是立法实践上都坚持只有经由人大选举代表组成的最高国家权力机关才能享有完全立法权，才能从制度上保证人民的根本利益。也就是说，全面、直接、充分反映国家的本质即人民民主专政（由人民选举的代表掌握国家的一切权力），从根本上实现人民当家作主的权利（受人民的监督，保证人民意志的实现，监督其他国家机关按人民的意志办事），人民只有通过这种途径才能实现自己当家作主的权利。

因此，1954年《宪法》第22条规定："全国人民代表大会是行使国家立法权的唯一机关。"第70条第4款规定："自治区、自治州、自治县的自治机关可以依照当地民族的政治、经济和文化的特点，制定自治条例和单行条例，报请全国人民代表大会常务委员会批准。"由此可见，在中央层面只有全国人大享有立法权，在地方除了照顾民族自治而赋予民族自治地方的自治机关有限的立法权外，④ 其他地方各级人大不享有立法权。由此奠定了我国一元有限两级立法的格局。虽然1975年《宪法》取消了民族自治地方的立法，而完全采

---

① [德] 康德：《法的形而上学原理：权利的科学》，沈叔平译，商务印书馆1991年版，第140页。
② [英] 洛克：《政府论（下）》，叶启芳、瞿菊农译，商务印书馆1981年版，第89页。
③ [法] 孟德斯鸠：《论法的精神（上）》，张雁深译，商务印书馆1982年版，第156页。
④ 由于其自治条例和单行条例的制定需经全国人大常委会批准，可以说这一立法权属于有限的授权，最终仍归属于全国人大。

取一元立法体制。但是，1978年《宪法》又回归了一元有限两级立法体制。①

1978年，在深刻总结历史经验教训的基础上，党的十一届三中全会在提出强化法制的同时，认识到权力下放的重要性和紧迫性，明确提出"权力要下放，解决中央和地方的关系"。毛泽东早在1956年《论十大关系》中所提出的处理中央与地方关系的两个积极性思想也得到了反思与认真对待。"我们的国家这样大，人口这样多，情况这样复杂，有中央和地方两个积极性，比只有一个积极性好得多。""我们的宪法规定，立法权集中在中央。但是在不违背中央方针的条件下，按照情况和工作需要，地方可以搞章程、条例、办法，宪法并没有约束。"②"根据中央和毛泽东同志多次强调要扩大地方权力，发挥中央和地方两个积极性的思想，……规定省、自治区、直辖市人民代表大会及其常务委员会……可以制定和颁布地方性法规。"③ 于是，1979年《地方组织法》率先授权地方享有一定的立法权。④ 1980年，邓小平指出："权力过分集中，越来越不能适应社会主义事业的发展。"⑤ 彭真同志在1982年宪法修改草案的说明中指出："根据发挥中央和地方两个积极性的原则，规定中央和地方适当分权，在中央的统一领导下，加强了地方的职权，肯定了省、自治区、直辖市人大和它的常委会有权制定和颁布地方性法规。我们国家很大，一个省就有几千万以至上亿人，相当一个大、中国家，各地政治、经济、文化发展很不平衡。这样规定，有利于各地因时因地制宜，发挥主动性和积极性，加速整个

---

① 1978年《宪法》第39条第2款规定："民族自治地方的自治机关可以依照当地民族的政治、经济和文化的特点，制定自治条例和单行条例，报请全国人民代表大会常务委员会批准。"

② 《毛泽东著作选读》（下册），人民出版社1986年版，第729页。

③ 彭真：《关于七个法律草案的说明——一九七九年六月二十六日在第五届全国人民代表大会第二次会议上》，《人民日报》1979年7月1日第1版。

④ 见该法第6条："省、自治区、直辖市的人民代表大会根据本行政区域的具体情况和实际需要，在和国家宪法、法律、政策、法令、政令不抵触的前提下，可以制订和颁布地方性法规，并报全国人民代表大会常务委员会和国务院备案。"

⑤ 《邓小平文选》（第三卷），人民出版社1993年版，第145-146页。

国家的建设。"① 因此，1982 年《宪法》通过第 100 条和第 116 条肯定了 1979 年《地方组织法》地方立法的授权。1982 年《宪法》第 3 条第 4 款②将毛泽东《论十大关系》关于两个积极性的论述确定下来，成为处理中央和地方关系的最高原则。至此，确立了我国特有的"一元两级多层次"立法体制，③ 即全国范围内只存在一个统一的立法体系，但是存在中央立法和地方立法两个立法权等级，而且从中央立法到地方立法都可以各自分成若干个层次和类别的立法。

因此，在这种将立法权集中于中央的一元立法体制下，地方并不拥有独立的立法权，其所享有的立法权在本质上属于授权立法。正如有学者指出："我国是一个单一制国家，地方的一切权力均由中央通过法律授予，立法权也是如此。"④ 因而"不存在只能由地方立法而中央不能立法的情况"⑤，地方立法权也因此十分有限⑥。学界曾经一度将这种地方立法权定性为半个立法权。⑦ 因此，1982 年《宪法》第 116 条规定了自治区制定的自治条例和单行条例可以对法律做出变通规定，须经报全国人大常委会严格的批准程序，凸显其立法权的不完整、受限性；鉴于自治州、自治县制定的自治条例和单行条例位阶低且调整范围较为有限，《立法法》第 98 条第 3 项规定仅须报全国人大常委会和国务院备案进行监督；而对于自治区人大制定的未对法律做出变通规定的地方性法规，1982 年《宪法》第 100 条和《立法法》第 98 条第 2 项则规定与其他地方性法规一样仅须报全国人大常委会和国务院备案。

---

① 彭真：《论新时期的社会主义民主与法制建设》，中央文献出版社 1989 年版，第 113 页。
② 该款规定："中央和地方的国家机构职权的划分，遵循在中央的统一领导下，充分发挥地方的主动性、积极性的原则。"
③ 周旺生：《立法学》，法律出版社 2004 年版，第 149－150 页。
④ 胡锦光：《论法规备案审查与合宪性审查的关系》，载《华东政法大学学报》2018 年第 4 期，第 24 页。
⑤ 武增：《中华人民共和国立法法解读》，中国法制出版社 2015 年版，第 269 页。
⑥ 郭万清：《应赋予设区的市地方立法权——对城市地方立法权的新思考》，载《江淮论坛》2010 年第 3 期，第 115 页。
⑦ 宓雪军：《半个立法权辨析》，载《现代法学》1991 年第 6 期，第 42 页。

鉴于批准权在性质上属于准立法权或实质意义上的立法权，因此有学者提出两种克服半个立法权运行障碍的对策：一是认定批准权性质属于立法监控权，通过规范批准权内容，保留批准权从而保存半个立法权；二是废除批准权，即改批准为备案，这样就废除了半个立法权。① 实际上，在一元立法体制下，无论立法批准还是备案审查制度都无法否认地方立法权不是地方所固有的，而是源自中央的特别授权，是一种不完整的立法权。正因如此，有学者提出：基于"决策权、执行权和监督权既相互制约又相互协调"的中国特色社会主义权力运行逻辑，我国国家权力配置的"授权与监督"模式比"分权与制衡"模式具有更突出的优势，主要体现在其基于人民主权的议行合一与"监督—负责"的民主集中制而形成了纵向与横向相结合的权力授予、权力监督和权力制约架构，进而构建了立体化而非平面化的政体模式，保证了国家权力结构内部不仅有分工协作，也有监督制约。② 也有学者试图透过借鉴国外立法辅助性，说明设区的市的更加有限的立法权。实际上，所有地方立法在很大程度上都是对中央立法的辅助，立法辅助原则适用于地方立法。所谓的辅助原则，是在国家放任与干预、集权与分权、统一性与多样性之间，在相互协调与牵制下寻求并达成调和，③ 它强调中央与地方应当优先解决与自己能力相适应的事务，中央权力应当用于解决全局性、国家性事务，而不是干预、代替、包揽地方事务④。即在高度集权下有效调动地方的积极性，中央时刻紧握批准与备案审查制度，始终将最终立法权掌控在自己手中。

由此可见，地方立法备案审查是以人民代表大会理论为理论基础，在单一

---

① 宓雪军：《半个立法权辨析》，载《现代法学》1991年第6期，第42页。
② 张梁：《授权与监督：国家权力配置的中国逻辑与当下拓展》，载《理论月刊》2019年第4期，第104页。
③ 程庆栋：《论设区的市的立法权：权限范围与权力行使》，载《政治与法律》2015年第8期，第59页。
④ 程庆栋：《论设区的市的立法权：权限范围与权力行使》，载《政治与法律》2015年第8期，第60页。

制下的中国特色的中央和地方关系制度之下，确保人民的共同利益和统一意志，维护法制统一，地方立法权不仅由中央授权，而且需建立备案审查这种立法监督制度予以制约。地方立法备案审查制度是在确保中央和地方两个积极性、立法权统一于中央前提下，谨慎下放立法权的产物。因此，地方立法备案审查理论与实践应以作为中国特色社会主义制度的重要组成部分的人民代表大会理论为出发点，在制度建设上也以高度契合人民代表大会制度为目标，从而积极建构与完善国家治理体系和治理能力，从而充分发挥以人民代表大会制度为核心建构的一系列"坚持党的领导、人民当家作主、依法治国有机统一的根本政治制度安排"。

第二节　立法监督抑或违宪审查
——地方立法备案审查之性质

地方立法备案审查源于规范性文件备案审查制度，这是我国政治现实发展的产物，它有别于西方的违宪审查制度。

一、分权制衡——违宪审查之基石

西方的违宪审查是基于分权制衡学说发展而来的，而近代分权理论可以说是自然法思想的必然结论。自然法学家从自然权利入手，最终得出了政治的目的是实现公民的自由，而对自由的最大威胁来自掌权者滥用权力。因此，只有分权才能保障公民自由与权利的实现。"分权学说的漫长历史反映了多少世纪以来人们对一种政府体系的期望,在这种体系中政府权力的行使将受到控制"[1],而人权则将得到保障。这一理论的内在基础在于:权力必然腐败,绝对的权力导致绝对的腐败,要防止滥用权力,就必须以权力制约权力。分权学说显然信奉的是这样一种政治自由观,这种自由观的关键是限制政府权力,而这种限制最好可以通过在政府内进行划分,防止权力集中于一群人手中来取得[2]。同时,分权学说还以"人性恶"为其道德、伦理前提,是一种防范人性恶的学说,它是以对国家权力及行使权力的人,持怀疑的、不信任的、猜疑的态度为出发点的[3]。休谟就认为,在设计政治制度和确定若干宪法性制约和控制手段时,每个人都应该被假定为一个恶人,在其所有的行为中除了追求私利就不会有其他目的[4]。被誉为美国宪法之父的麦迪逊也曾说过:"如果人都是天使,就不需要任何政府了。如果是天使统治人,就不需要对政府有任何外来的或内在的控制了。"恩格斯曾指出:"人来源于动物界这一事实已经决定了人永远不能完全摆脱兽性,所以问题永远只能在于摆脱得多些或少些,在于兽性或人性的程度上的差异。"[5] 因此,一切有权力的人都喜欢滥用权力,这是一条颠扑不破的真理,只有用分权这种制度形式才能够将人性的这一弱点压制到最低。英国革命后形成的国王、议会与法院的关系成为洛克阐述近代分权学说的现实依据,他认为:"在一切情况和条件下,对于滥用职权的真正纠正办法,就是用强力对付强力。"[6] 孟德斯鸠更是从英国的政治制度中找到了一种防止政治权力滥用,保障人民自由民主的最可靠的机制。他说:"从事物的性质来说,要防止滥用权力,就必须以权力制约权力,就必须建立分权的政体。"美国的政治家在革命过程中,直接接受并发展了孟德斯鸠的分权制衡理

---

[1] [英] 维尔:《宪政与分权》,苏力译,三联书店1997年版,第19页。
[2] [英] 维尔:《宪政与分权》,苏力译,三联书店1997年版,第14页。
[3] [日] 佐藤功:《比较政治制度》,刘庆林、张光博译,法律出版社1984年版,第14页。
[4] [美] 肯尼思·W·汤普森:《宪法的政治理论》,张志铭译,三联书店1997年版,第27页。
[5] 《马克思恩格斯选集》第3卷,1995年第2版,第140页。
[6] [英] 洛克:《政府论》(下),商务印书馆1981年版,第95页。

论，在革命胜利后，建立了完全的"三权分立"政体。在法国大革命中，"没有分权就没有宪法"成为革命者的共识。分权成为权力制约的基础，而权力制约是人权保障的前提条件。

国家权力在给社会创造秩序的同时，又给权力的异化与扩张带来了可能性。国家权力就像一把双刃剑，在为公众谋取幸福的同时，又有可能异化为掌握国家权力的集团谋取私利的工具。正如孟德斯鸠的警世名言："一切有权力的人都容易滥用权力，这是万古不易的一条经验。有权力的人使用权力一直到遇有界限的地方才休止。"①

权力是必要的，又是容易异化的。解决这一两难的办法就是分权。分权又有外部分权和内部分权之分。② 所谓内部分权，就是通过权力与权力的分立与制约来消解权力的腐败。其典型代表为孟德斯鸠的"三权分立"说，即立法权、司法权和行政权分属三个不同的国家机关，而不能集中在一个人或一个机关手中。他主张，立法权由议会行使，行政权由君主掌握，而法院行使司法权。通过这样的分权，使这三种权力和三个机关互相制约、互相均衡。外部分权就是国家与社会对权力资源与权利资源的分配，以社会拥有的自治权对抗国家权力对社会的挤压与扩张。内部分权针对的是单个权力，而不是整体权力，是权力与权力之间的内部约束，当整体权力掌握在某一团体时，内部分权并不能消减集权的危害。正如博登海默所言："虽然政府的立法权与行政权的分立，在很大程度上能够防止政府的独裁与专断，但是这种分权本身却无法构成一种预防侵犯个人权利的完全且充分的保护措施。"③ 因为，集权的形式有两种，一是内部权力集中，二是国家权力将社会自治的权利集于一身。对于前者，可以通过权力的分立与制约来实现，而对于后者，则只能依靠国家公权力

---

① [法]孟德斯鸠：《论法的精神》（上册），张雁深译，商务印书馆1990年版，第225页。
② 周安平：《社会自治与国家公权》，载《法学》2002年第10期，第45页。
③ [美]博登海默：《法理学：法律哲学与法律方法》，邓正来译，中国政法大学出版社1999年版，第54页。

与社会自治权利的分离与制衡来加以化解。

基于此考量，西方国家要么通过普通法院（如美国）要么经由特殊的违宪审查机关（如德国模式下的宪法法院或法国模式下的宪法委员会）对立法机关的立法活动进行审查。

二、立法监督——地方立法备案审查之性质

社会主义国家普遍坚持马克思主义人民主权学说，认为国家的一切权力属于人民。而人民主权学说直接源自对近代和现代宪政产生重大影响的法国资产阶级启蒙思想家卢梭的人民主权思想。卢梭认为：主权是公意的具体体现形式，而公意又是人民整体的公共意志，是不能分割的；主权者是一个集体的生命，它只能由自己来代表自己。人民主权不可分割、不可转让。因此，体现公意的法律，必然是体现整体的公共意志，是人民主权的象征。在卢梭看来，为了更好地践行人民主权，"制定法律的人要比任何人都更清楚，法律应该怎样执行和怎样解释。因此看来人们所能有的最好的体制，似乎莫过于能把行政权与立法权结合在一起的体制了"①。

于是，在人民主权理论的指引下，"议行合一"（combination of legislative and executive powers）应运而生。"议行合一"是与西方国家"三权分立"相对立的制度，指国家机关重要工作的决议和执行统一进行的制度。它是社会主义国家民主集中制原则在国家机关间工作关系上的体现。它首创于1871年施行直接民主的巴黎公社，后来被列宁在创建苏维埃国家机关时发扬，进而被中国效仿。

---

① ［法］卢梭：《社会契约论》，何兆武译，商务印书馆1980年版，第83页。

"议行合一",顾名思义就是代议权、执行权合而为一,或代议机关、执行机关合而为一,立法者与执行者的一身二任。"议行合一"中的"行"除了包括行政机关的执行外,还包括审判机关、检察机关以及军事机关的执行问题。于是,在坚决践行"议行合一"式的民主集中制的中国,采取以立法机关为主导的立法监督便成了天经地义的选择。因此,我国地方立法备案审查制度完全有别于西方的违宪审查制度,它是以践行人民主权为目的在坚持议行合一原则之下充分发挥各机关分工协作的立法监督,是对立法过程及其结果两个方面的监督,通过事后审查地方立法机关制定的规范性文件,监督地方立法的合法性、适当性乃至合宪性,其目的是最大限度地消除或减少规范性法律文件之间的冲突和矛盾,维护法制统一。从本质上而言,地方立法备案审查是对立法结果的监督,纵向监督也是常规监督措施。因此有学者指出,备案审查是将公布的规范性文件上报法定机关,使其知晓,并在必要时对其进行审查,在启动机制以及程序设计上不同于立法活动,属于规范监督。[1]

而就立法与监督而言,两者并不截然分离,而是相辅相成的。各项监督制度都是以立法形式确定的,而立法过程也在监督之中,立法也是监督的形式与结果。[2] 鉴于我国"一元两级多层次"立法体制的特性,为了对不同层级的立法进行监督,有的通过备案进行监督,也有的通过审查进行监督,直至1995年《地方组织法》修改,备案即意味着审查,备案开始与审查密切联系在一起。可以说,备案审查制度是与统一而分层次的立法体制相适应的立法权监督制度,从根本上说,是由人民代表大会制度决定的。[3]

对于备案与审查之间的关系,理论和实务存在截然不同的两种认知。[4] 否定说认为,备案区别于审查,是一种独立的制度、一种监督程序。备案与审查

---

[1] 苗连营:《立法程序论》,中国检察出版社2001年版,第245页。
[2] 本书编写组:《规范性文件备案审查制度理论与实务》,中国民主法制出版社2011年版,第27页。
[3] 本书编写组:《规范性文件备案审查制度理论与实务》,中国民主法制出版社2011年版,第28页。
[4] 陈运生:《地方人大常委会的规范审查制度研究》,中国政法大学出版社2013年版,第72-77页。

是立法监督的两个环节,是两种制度。备案是指立法主体在其立法文件生效后的一定期限内,依照法律规定的备案程序,将立法文件报送有关的立法监督主体存档备案。① 备案属于知情权的范畴,审查是建立在知情权基础之上的审议权。② 而"审查"则是对法规等被审查的对象是否合宪、合法,甚至是否"恰当"进行检验,并对违宪、违法、不恰当的被审查对象予以变更或撤销。由于对主体权限的要求截然不同,备案与审查是两种不存在必然联系、独立的程序。只是由于我国实践中存在将审查作为备案后续程序的做法,才出现了"备案审查制度"这一称谓。然而,这种做法是否适宜,却颇值得探讨。③ 而肯定说认为,备案即是审查,备案只是手段、审查才是目的,有备必审。④

有学者指出,从我国现有法律规定来看,既未规定备案包含审查在内,也未规定备案后必须进行审查,实际上采取授权审查机关"可以进行审查"的折中说。⑤ 备案与审查是立法监督的两个环节,是两种制度,前者是后者的前提,但是后者并不一定就是前者的必然延伸。⑥ 实际上,备案不仅属于知情权的范畴,也是一种有中国特色的"柔性审查""柔性纠错机制"⑦。备案并不像批准制度那样是立法的前提和基础,否则,一方面会限制法规规章制定机关的自主性,不利于提高立法效率,另一方面也限制了备案机关原来享有的对法规

---

① 王锴:《我国备案审查制度的若干缺陷及其完善——兼与法国的事先审查制相比较》,载《政法论丛》2006年第2期,第67页;叶必丰、周佑勇:《行政规范研究》,法律出版社2002年版,第222页;蔡定剑:《中国人民代表大会制度》,法律出版社2003年版,第257页;封丽霞:《制度与能力:备案审查制度的困境与出路》,载《政治与法律》2018年第12期,第100页。
② 张春生:《中华人民共和国立法法释义》,法律出版社2000年版,第256页。
③ 陈道英:《全国人大常委会法规备案审查制度研究》,载《政治与法律》2012年第7期,第108页。
④ 李步云、汪永清:《中国立法的基本理论和制度》,中国法制出版社1998年版,第384-385页。
⑤ 陈运生:《地方人大常委会的规范审查制度研究》,中国政法大学出版社2013年版,第75-76页。
⑥ 李步云、汪永清:《中国立法的基本理论和制度》,中国法制出版社1998年版,第384-385页。
⑦ 马岭:《我国规范性法律文件的备案审查制度》,载《财经法学》2016年第3期,第38页;邹平学:《宪法和法律委员会的目标定位与机制创新》,载《中国法律评论》2018年第4期,第45页;封丽霞:《制度与能力:备案审查制度的困境与出路》,载《政治与法律》2018年第12期,第105-106页。

规章进行审查的权力。① 备案审查纠错的主要手段是由常委会工作机构通过沟通协商，由制定机关自行纠正。② 而且通过以下三种方式予以实现：一是与制定机关沟通协商；二是提出书面审查意见，要求制定机关修改或者废止；三是经过上述工作，制定机关仍不纠正的，通过全国人大常委会审议决定作出处理。③

正是前文所述的"半个立法权"固有认知与实践缘故，出于确保中央和地方两个积极性、立法权统一于中央前提下而谨慎下放立法权的考量，在中国传统"面子"文化的影响下，立法对备案必然界定模糊、语焉不详。虽然备案意欲立法监督，但又未对监督方式与效力等作出明确界定，操作性差，因此后来不得不求助于结合更为有效的"审查"达成"支持型监督"④ 的初衷。正如有学者指出，备案审查制度不仅是中国传统文化的影响结果，也是现实的政治与宪法体制的影响结果。……可以说，支持型监督既是文化特征，也是体制特征；既是功能特征，又是结构特征。⑤

由此可见，地方立法备案审查是对已经生效的规范性文件的一种事后监督方式，是赋予审查机关一定裁量权将对规范性文件的"备案"和"审查"（两者并不存在先后的必然顺序）进行有机结合的柔性立法监督。

---

① 汪全胜：《制度设计与立法公正》，山东人民出版社 2005 年版，第 337 页。
② 信春鹰：《加强备案审查制度和能力建设 完善宪法法律监督机制》，http://fzzfyjy.cupl.edu.cn/info/1038/7957.htm.
③ 蒋清华：《支持型监督：中国人大监督的特色及调适》，载《中国法律评论》2019 年第 4 期，第 90－105 页。
④ 蒋清华：《支持型监督：中国人大监督的特色及调适》，载《中国法律评论》2019 年第 4 期，第 91 页。
⑤ 蒋清华：《支持型监督：中国人大监督的特色及调适》，载《中国法律评论》2019 年第 4 期，第 98－99 页。

第三节　合宪性审查抑或合法性审查

合宪性审查和合法性审查是为了更好地维护国家法秩序的稳定与内在统一，达成保障基本权利、践行人民主权的初衷，实现良法善治以及实现法律体系一性的两个主要机制。既然地方立法备案审查属于立法监督，那么它究竟进行合宪性审查还是合法性审查抑或二者兼而有之？尽管现行备案审查制度承载了合宪性与合法性的多重审查功能，但却不能认为其与合宪性或合法性审查是包含与被包含的关系。就微观法律规范的审查，合宪性与合法性审查各自发挥不同的审查和监督作用，共同服务于法律规范审查体系的完整和统一。[①] 因此，鉴于"当下也的确存在着一种把备案审查等同于违宪审查的倾向或趋势"[②]，亟需对地方立法备案审查究竟属于合宪性审查还是合法性审查加以明晰。

有学者指出，就法理逻辑而论，宪法不仅要求公共权力行为应具有合宪性，宪法还要求公共权力的行为必须符合法律，乃至一切下位法均必须符合上位法，由此形成一个统一的、内在自洽的法秩序。[③] 而我国的实际制度设计却是，根据《立法法》的规定，全国人大常委会在对法律文件进行合宪性审查的同时，可以进行合法性审查。即合宪性审查和合法性审查的主体是同一的，审查程序也是基本相同的。[④] 全国人大常委会法规备案审查室主任梁鹰也因此

[①] 范进学：《完善我国宪法监督制度之问题辨析》，载《学习与探索》2015年第8期，第187－188页。
[②] 范进学：《完善我国宪法监督制度之问题辨析》，载《学习与探索》2015年第8期，第68页。
[③] 林来梵：《合宪性审查的宪法政策论思考》，载《法律科学》2018年第2期，第39页。
[④] 胡锦光：《论法规备案审查与合宪性审查的关系》，载《华东政法大学学报》2018年第4期，第25页。

指出，合法、合宪性的审查都属于备案审查，但目前备案审查主要是合法性审查。① 不仅如此，这种合宪性审查与合法性审查主体的同一性，也导致在现实中难以区分哪个审查属于合宪性审查，哪个审查属于合法性审查。在全国人大常委会法工委已经公布的典型审查案例中，绝大多数实际上属于合法性审查。② 因此，在审查体制上还是倾向于以合宪性审查机制为主导的，而不像我国现有体制这样，明显存在一种以合法性审查吸纳合宪性审查的倒置结构。③ 况且，鉴于宪法也是法，违反宪法也是一种违法；法律是宪法的具体化，法律只有符合宪法才具有效力，才能予以适用，违反法律也是一种违宪，即间接违宪。而只有以宪法作为最终的统一依据、并以统一的审查机关去进行合宪性审查，才真正有利于确立一个内在统一的标准体系，从而有效实现合宪性审查机制的重要目标，即维护国家法秩序的内在统一。④ 因此，目前中国的合宪性审查机制在与合法性审查机制一体化的建构中成为附属性的一种机制，一般性合法性审查的前置主义恰好便于发挥阻滞、抵消或者替代合宪性审查的功能。为此，不改变相关的观念，确立起以合宪性审查机制为主并以合宪性审查吸纳和引领合法性审查的机制，是不可能有效推进合宪性审查工作的。⑤ 所以，无论是从法理逻辑来说，还是从《宪法》第 5 条的规范要求而论，我们均可以得出这样的结论：并非合法性审查包含了合宪性审查，而是相反，即合宪性审查应当包括合法性审查。申言之，合宪性审查应当吸纳和引领合法性审查，而合法性审查只可作为合宪性审查的一个延伸性的附属部分。⑥

但是，我们应认识到，依学理，合法性审查与合宪性审查是两种截然不同

---

① 梁鹰：《全国人大常委会着手"合宪性审查"研究部署》，载《检察风云》2018 年第 3 期，第 7 页。
② 胡锦光：《健全我国合宪性审查机制的若干问题》，载《人民论坛》2019 年第 11 期，第 35 页。
③ 林来梵：《合宪性审查的宪法政策论思考》，载《法律科学》2018 年第 2 期，第 40 页。
④ 林来梵：《合宪性审查的宪法政策论思考》，载《法律科学》2018 年第 2 期，第 40 页。
⑤ 林来梵：《合宪性审查的宪法政策论思考》，载《法律科学》2018 年第 2 期，第 39 页。
⑥ 林来梵：《合宪性审查的宪法政策论思考》，载《法律科学》2018 年第 2 期，第 40 页。

的制度建构。合宪即意味着是符合宪法规定或原则，合法意味着公权力运行完全依照法律为之而无违反法律举止。合宪性审查与合法性审查又存在密切的衔接关系。法律是依据宪法制定的，根据公权力的公定力原理，法律在制定以后、被有权机关撤销之前，被假定为符合宪法，是具有法律效力的，所有国家机关都必须服从。因此，当某个法律文件存在争议时，必须先进行合法性审查，只有在穷尽合法性审查仍无法解决争议时，即在法律范畴内无法解决的，才必须进行合宪性审查。所谓"在法律范畴内无法解决"，主要指两种情况：一是作为审查基准的法律文件的合宪性存在争议，如果依据存在争议的法律文件做出判断，则并未能从根本上解决争议；二是缺乏法律上的判断依据，只能直接从宪法上寻找判断的依据。①

合法性审查与合宪性审查两者的界限在于，在需要依据法律规范对某个行为做出判断时，对于采取特别机关进行违宪审查的国家而言，由宪法法院或宪法委员会模式进行合宪性审查，普通法院仅能做出合法性审查；在实行普通法院违宪审查模式的国家，法院通常只进行合法性审查，通常遵循法律适用优先原则，只有在合宪性争议被视为案件审理"先决问题"时，才进行合宪性审查。即如果存在法律时先适用法律进行判断，在没有法律或者适用法律仍然不能做出判断时，才需要适用宪法做出判断。② 不仅如此，违宪与违法在制裁形式上也存在极大的差异，违反宪法的制裁取决于违宪的主体和违宪的形态。

实际上，有学者指出，合宪性审查与合法性审查最主要的不同体现在审查内容上。③ 合宪性审查的本质是对下位的初级规则是否违反作为初级规则效力基础的次级规则进行审查；合法性审查的本质则是审查下位的初级规则是否抵

---

① 胡锦光：《健全我国合宪性审查机制的若干问题》，载《人民论坛》2019年第11期，第35页。
② 胡锦光：《论法规备案审查与合宪性审查的关系》，载《华东政法大学学报》2018年第4期，第27页。
③ 王锴：《合宪性、合法性、适当性审查的区别与联系》，载《中国法学》2019年第1期，第14—24页。

触上位的初级规则，主要审查下位法是否符合上位法的立法目的。宪法作为次级规则，是对法本身提出的要求，即使法调整的行为跟宪法无关，也可能违宪。合宪性审查的关键不在于立法的内容是否与宪法相同或者相关，而在于立法本身是否违反了宪法所设定的"什么是有效的立法"的标准。这些标准包括程序上的标准和实体上的标准。① 虽然合宪性审查是审查初级规则是否违反宪法中的次级规则，合法性审查是审查下级初级规则是否抵触上级初级规则，但是，我国的立法权限、程序和形式并不仅出现在宪法中，其他立法中也有次级规则的存在。因此，合法性审查中既有"抵触"问题，也有"违反"问题。②

由此可见，地方立法备案审查有别于合宪性审查。虽然法规备案审查是我国启动合宪性审查的一种途径，但并不是唯一的途径；不仅如此，《立法法》规定的备案审查中本身就包括了合宪性审查的内容，法规备案审查的内容并不限于合宪性审查，还包括合法性及适当性审查。③ 正如全国人大常委会法规备案审查室主任梁鹰所言"目前备案审查主要是合法性审查"，④ 法规备案审查并不能等同于合宪性审查，作为法规备案审查主要内容的地方立法备案审查与合宪性审查既相区别又有联系。

在需要对某项行为作出判断，如何选择合法性审查与合宪性审查时，应当遵循"法律适用优先""穷尽法律适用"和"回避宪法判断"⑤ 原则，即对某项行为先进行合法性审查成为合宪性审查的一项重要的"过滤"机制。换言

---

① 王锴：《合宪性、合法性、适当性审查的区别与联系》，载《中国法学》2019 年第 1 期，第 14 页。
② 王锴：《合宪性、合法性、适当性审查的区别与联系》，载《中国法学》2019 年第 1 期，第 22 页。
③ 胡锦光：《论法规备案审查与合宪性审查的关系》，载《华东政法大学学报》2018 年第 4 期，第 25 页。
④ 梁鹰：《全国人大常委会着手"合宪性审查"研究部署》，载《检察风云》2018 年第 3 期，第 7 页。
⑤ 林来梵：《从宪法规范到规范宪法：规范宪法学的一种前言》，商务印书馆 2017 年版，第 348 页。

之，在有法律规定的情况下，必须优先适用法律进行审查判断，而没有必要延伸适用宪法进行审查判断。只有在穷尽法律适用、合法性审查层面仍然无法解决纷争情况下，才有必要通过合宪性审查予以解决。① 所谓"合法性审查无法解决"是指，对于合法性审查的结果，受害人或者制定机关不服，此时通过合宪性审查来"救济"合法性审查。鉴于"法律适用优先"与"穷尽法律适用""回避宪法判断"是合宪性审查的前提，合法性审查也因而成为合宪性审查的一项重要的过滤机制。② 在此意义上，备案审查也成为合宪性审查的过滤机制之一。

鉴于中国特色社会主义法律体系已经形成，宪法规定基本上被法律具体化的背景下，有学者指出，绝大多数法律文件的争议可以通过合法性审查在法律范畴内予以解决，并不需要进行合宪性审查。根据这一实际情况，目前有必要首先完善全国人大常委会的合法性审查机制。③ 不仅如此，面对地方立法权的扩容，全国人大常委会无力面对多达300多个地方立法的合宪性审查工作。因此，为避免滥用合宪性审查启动权及浪费资源，发挥合法性审查在解决基本冲突方面的常在性和普适性，减轻全国人大宪法和法律委员会的合宪审查负担，应交由各省、自治区人大常委会对设区的市的地方立法进行备案审查，以这种合法性审查充当合宪性审查的"过滤"机制。在设立全国人大宪法和法律委员会以后，已经有条件将合宪性审查与合法性审查在协助审查的主体上进行分离。即全国人大宪法和法律委员会进行合宪性审查，全国人大常委会法工委进行合法性审查。全国人大常委会法工委先对某个法律文件进行合法性审查，在合法性审查无法解决争议时，再移送全国人大宪法和法律委

---

① 胡锦光：《论法规备案审查与合宪性审查的关系》，载《华东政法大学学报》2018年第4期，第27页。
② 王锴：《合宪性、合法性、适当性审查的区别与联系》，载《中国法学》2019年第1期，第23页；胡锦光：《论法规备案审查与合宪性审查的关系》，载《华东政法大学学报》2018年第4期，第27页。
③ 胡锦光：《健全我国合宪性审查机制的若干问题》，载《人民论坛》2019年第11期，第35页。

员会进行合宪性审查。[①] 即有法律规定时优先进行合法性审查,在穷尽法律规定而无法判断或遇有回避宪法判断事由情形下才转入合宪性审查程序,即由全国人大宪法和法律委员会聚焦于维护法律体系的统一和基本权利保障的合宪性审查之上。

综上所述,备案审查本质上属于合法性审查,在某种意义上它充当着一种合宪性审查过滤机制,以维护国家法秩序的内在统一。

本章小结

备案审查是宪法法律赋予人大的一项重要监督职权,是符合中国国情、具有中国特色的一项宪法性制度设计,是保障宪法法律实施、维护国家法制统一的一项重要举措。随着2015年《立法法》修改后,设区的市被赋予了立法权,立法主体数量骤然增长,不同的立法主体制定的规范性文件之间的冲突甚至矛盾层出不穷。因此,亟需对地方立法备案审查进行重塑,这必然涉及对备案审查性质的界定。在人民代表大会理论引领下,结合有中国特色的宪法监督、中央与地方立法权限划分理论与实践,地方立法备案审查是对已经生效的规范性文件的一种事后柔性立法监督,在本质上属于合法性审查,是一种合宪性审查过滤机制。

备案审查制度与合宪性审查制度一起构筑起了我国的立法监督体系,它不仅有利于维护宪法法律权威及国家法制统一,而且也有助于保障广大公民的合法权益,提升国家治理能力,促进依法治国方略的实施,真正实现良法善治。

[①] 胡锦光:《健全我国合宪性审查机制的若干问题》,载《人民论坛》2019年第11期,第35页。

第三章 地方立法备案审查的范畴

通常而言，地方立法是指地方国家机关创制法律规范的活动。根据我国立法体制，地方立法发挥着执行和补充中央立法的积极作用。地方立法可做广义和狭义理解。从广义上而言，地方立法涵盖一般地方立法和特别地方立法。一般地方立法是指省、直辖市、省级政府所在地的市和设区的市的人民代表大会及其常务委员会、人民政府有权制定地方性法规和规章，行使全国人民代表大会及其常务委员会或上级权力机关授权制定地方性法规和规章。特别地方立法包括民族自治地方立法和特别地方立法，即民族自治地方人民代表大会制定自治条例、单行条例，经济特区所在地人民代表大会及其常务委员会制定经济特区法规以及香港、澳门特别行政区的立法。狭义上而言，地方立法仅指一般地方立法，不包括特别地方立法。本书即在狭义上研究地方立法备案审查制度。

党的十八届三中全会通过的《关于全面深化改革若干重大问题的决定》明确指出"逐步增加有地方立法权的较大的市数量"，党的十八届四中全会在《关于全面推进依法治国若干重大问题的决定》中再次强调"明确地方立法权限和范围，依法赋予设区的市地方立法权"。2015年《立法法》修改后"全面赋予设区的市地方立法权"，地方立法权的主体扩至全国284个设区的市。随着地方立法的扩张，对地方立法进行备案审查的压力越来越大。加之地方政府规章数量众多、调整范围广泛、规范具体明确，对于贯彻上位法如宪法、法律、行政法规和地方性法规等具有重要的意义，似乎地方立法备案审查的对象应限于地方性法规和地方政府规章。然而，由于地方滥发红头文件不仅对公民的权益造成损害，而且违反《立法法》的规定。因此，在党的十八届三中全会《关于全面深化改革若干重大问题的决定》要求健全法规、规章、规范性文件备案审查制度后，党的十八届四中全会《关于全面推进依法治国若干重大问题的决定》明确提出，加强备案审查制度和能力建设，把所有规范性文件纳入备案审查范围，依法撤销和纠正违宪违法的规范性文件，禁止地方制发带有立法性质的文件。

由此可见，地方立法备案审查的范畴应涵盖一切带有立法性质的规范性文件。对规范性文件以及何谓带有立法性质的规范性文件的理解便成为把握地方立法备案审查范畴的核心。

第一节　立法文件与规范性文件的区分

有学者指出，规范性文件是法律中经常出现但又并不局限于法律领域的一个概念。它主要是指具有规范性即规定权利和义务、适用于不特定对象的各种文件。因此，有的国家机关或者学者有时会使用"法律规范性文件"或者"规范性法律文件"的概念来特指那些法律上的规范性文件。[①] 在法律领域，对于规范性文件存在广义和狭义两种理解。广义的规范性文件是指国家机关以及法律、法规授权的组织依法制定的对相对人权利义务产生影响、可以反复适用并具有普遍约束力的文件，包括行政法规、地方性法规、自治条例、单行条

---

① 黄金荣：《"规范性文件"的法律界定及其效力》，载《法学》2014年第7期，第10页。

例、国务院部门规章、地方政府规章以及其他由国家机关制定的决议、决定、命令和司法解释等。狭义的规范性文件仅指实施法律和执行政策，国家在法定权限内制定的除法律、法规和规章以外具有法律效力的决定、命令等普遍性行为规则的总称，俗称"红头文件"。因此，地方立法备案审查似乎是以地方规范性文件为审查对象，即省、自治区、直辖市及其以下地方各级政权机关及相关工作部门，为实施法律、法规、规章或根据实际情况，为履行职权职责，依法制发的涉及公民、法人和其他组织权利和义务的，具有普遍约束力的文件，包括规定、办法、实施细则等。

然而，地方立法备案审查是否涵盖所有的地方规范性文件？若仅涵盖带有立法性质的规范性文件，那么规范性文件究竟与立法文件有何区别，学界对此的认知差异导致对备案审查对象或范畴的界定大相径庭。法理学通说认为，国务院通过的具有规范性的命令、决定具有与行政法规同等的法律效力，而全国人大及其常委会制定的具有规范性的文件要么视为"法律"要么认为其与法律具有同等效力。[①] 行政法学界则致力于在区分行政立法与规范性文件的基础上，构建在行政诉讼中对规范性文件的合法性审查。[②]

根据行政法学的主张，是否创设了权利义务才是区分立法文件和规范性文件的核心，即只有立法才能创设权利义务，而规范性文件只能是对权利义务的具体化，不得创设权利义务。[③] 然而，有学者指出，就对公民权利义务造成的

[①] 黄金荣：《"规范性文件"的法律界定及其效力》，载《法学》2014年第7期，第10页。

[②] 王留一：《论行政立法与行政规范性文件的区分标准》，载《政治与法律》2018年第6期，第117页。

[③] 如有学者提出："如果地方文件只在上位法规定的范围内具体规定公民行使权利履行义务的条件、方式，就不属于创制新规则。"参见李克杰：《地方"立法性文件"的识别标准与防范机制》，载《政治与法律》2015年第5期，第60页。也有学者认为："没有法律、法规和规章的依据，规范性文件不得有减损公民、法人和其他组织法定权利，增加其法定义务的规定。"参见章剑生：《论行政诉讼中规范性文件的合法性审查》，载《福建行政学院学报》2016年第3期，第13页。也有学者认为："未创设新的内容，不属于规范性文件的范畴。"参见陈运生：《规范性文件附带审查的启动要件——基于1738份裁判文书样本的实证考察》，载《法学》2019年第11期，第168页。

影响程度而言，侧重于权利义务具体化的规范性文件与创设权利义务并没有什么质的差别：[1] 首先，规范性文件可以通过解释赋予权利义务实质内容，对上位法进行具体化，这种具体化包括了对上位法中不确定法律概念的解释。[2] 况且，当规范性文件对上位法中的不确定概念进行具体化时，上位法的规定往往不能构成实质性的约束，通常反而是具体化的规范性文件赋予了法律规范实质含义。此种情形下，规范性文件才对相对人的权利义务具有决定意义。上位法仅仅充当着为行政机关运用规范性文件进行重大政策决定提供形式合法性"背书"的作用而无实质意义。其次，规范性文件可以依据组织法创设新的权利义务诸如补助标准等行政给付的规则，而这种规则一般并不存在明确的上位法依据。最后，规范性文件可以通过限缩裁量变更权利义务的内容。规定裁量权行使的规范性文件通常被认为是对上位法的细化。[3] 根据权利义务标准，这些规则并不构成对权利义务的创设。法院一般也以有上位法依据或者不与上位法抵触而予以认可。[4] 然而，这类规范性文件对公民权利义务造成的影响有时候比"创制"一个新规范还要大。因此，是否创设了权利义务不是判断立法文件和规范性文件的标准。

欲解决立法文件和规范性文件区别的问题，还需进一步明晰的问题是那些具有立法权的权力机关是否与具有立法权限的行政机关类似，除了制定法律、法规外还会制定一般的规范性文件，即具有立法权限权力机关通过的具有普遍适用性的决议和决定都是立法机关的规范性文件吗？[5] 与全国人大及其常委会

---

[1] 王留一：《论行政立法与行政规范性文件的区分标准》，载《政治与法律》2018年第6期，第120-121页。

[2] 朱芒：《规范性文件的合法性要件——首例附带性司法审查判决书评析》，载《法学》2016年第11期，第158页。

[3] 俞祺：《重复、细化还是创制：中国地方立法与上位法关系考察》，载《政治与法律》2017年第9期，第73-74页。

[4] 蒋慕鸿：《确定尾号限行的其他规范性文件在行政审判中的适用》，载《人民司法》2010年第16期，第48页。

[5] 王锴：《论规范性文件的备案审查》，载《浙江社会科学》2010年第11期，第12页。

的立法性文件存在对"法律"还是"规范性文件"之间的区分问题一样，地方具有立法权限的权力机关也存在一个如何识别同一机关制定的立法性文件究竟是属于"地方性法规"还是"规范性文件"的问题。有学者指出，全国人大常委会可以做出立法性决定，也可以做出非立法性决定。立法性决定是全国人大常委会立法工作的重要内容，也是其行使法律解释权和法律修改权的重要体现，但是立法机关没有给立法性决定明确的界定和使用规范，因而立法性决定的含义需要进行界定并解释。① 立法性决定，对现有立法（法律）具有补充、解释、修改、废止或完善等立法性的功能，根据立法性含量或者程度的多少，含量较高或者程度较重者可以视为法律。如解释性、补充性和废止性的决定一般属于立法性决定。非立法性决定，虽然冠以决定的名称，但是其本身并不具有"立法性"的属性和特征，不能等同于法律。如工作答复或工作文件、重大事项的决定和人事任免的决定等都属于非立法性决定。

全国人大及其常委会制定的具有规范内容的立法性文件并不是没有进行类型划分，只是其划分缺乏统一的标准，而且对这些文件的法律效力等级也没有进行任何区分，全国人大常委会工作部门对全国人大及其常委会制定的所有立法性文件都相提并论、不区分"法律"和"规范性文件"的实际做法既与行政机关严格区分行政法规、规章与相应规范性文件的做法相矛盾，也与有关法律相冲突。② 这使得理论和实务对立法文件和规范性文件的区别莫衷一是。

实际上，如果严格依据《立法法》的规定，仅从程序或生效要件即可判断规范性文件是否构成立法。即《立法法》第 25 条和第 44 条规定有关法律必须"由国家主席签署主席令予以公布"才属于法律。第 70 条规定"行政法规由总理签署国务院令公布"才属于行政法规。第 78 条规定："省、自治区、直辖市的人民代表大会制定的地方性法规由大会主席团发布公告予以公布。

---

① 金梦：《我国立法性决定的界定与效力》，载《中国法学》2018 年第 3 期，第 151 页。
② 黄金荣：《"规范性文件"的法律界定及其效力》，载《法学》2014 年第 7 期，第 14 页。

省、自治区、直辖市的人民代表大会常务委员会制定的地方性法规由常务委员会发布公告予以公布。设区的市、自治州的人民代表大会及其常务委员会制定的地方性法规报经批准后,由设区的市、自治州的人民代表大会常务委员会发布公告予以公布。"第85条规定:"部门规章由部门首长签署命令予以公布。地方政府规章由省长、自治区主席、市长或者自治州州长签署命令予以公布。"

随着备案审查制度的发展,规范性文件这一法律术语越来越在狭义层面被理解、适用,即规范性文件仅指法律、法规和规章以外有法律效力的抽象性文件。如2003年《河南省人民代表大会常务委员会规范性文件备案办法》第2条规定:"本办法所称的规范性文件,是指省人民政府、省高级人民法院、省人民检察院、各省辖市人大及其常委会制定的规范公民、法人和其他组织行为的、具有普遍约束力的文件。"2007年《广东省各级人民代表大会常务委员会规范性文件备案审查工作程序规定》第2条规定:"本规定所称规范性文件,是指本省各级人民代表大会及其常务委员会作出的涉及公民、法人、其他组织权利义务的,具有普遍约束力的决议、决定和县级以上人民政府发布的涉及公民、法人、其他组织权利义务的,具有普遍约束力的行政决定、命令。"2013年《吉林省规范性文件制定办法》第2条第1款规定:"本办法所称规范性文件,是指除政府规章外,本省行政机关依据法定职权或者法律、法规授权,制定的涉及公民、法人和其他组织权利义务,具有普遍约束力,在一定期限内可以反复适用的文件。"

由此可见,2014年《中共中央关于全面推进依法治国若干重大问题的决定》明确规定"禁止地方制发带有立法性质的文件",提出将一切带有立法性质的规范性文件纳入备案审查的范畴,此举为备案审查制度的完善指明了方向。

第二节　如何界定带有立法性质的规范性文件

就现实而言，地方规范性文件既有地方人大及其常委会制发的，也有地方各级政府及其工作部门制发的，还有地方司法机关制发的，其名称复杂多样，多达数十种，具体包括决定、决议、命令、规定、公告、通告、通知、办法、实施细则、意见、会议纪要、解释、批复等。根据2000年修订的《国家行政机关公文处理办法》第9条，行政机关的公文种类主要有命令（令）、决定、公告、通告、通知、通报、议案、报告、请示、批复、意见、函、会议纪要等共13种。不仅如此，一些被废止的公文形式虽然已经消失，但仍然具有法律效力。因此，有学者指出，这些曾经的公文种类也应被划入其他规范性文件的行列。[①]

这些数量庞大的规范性文件是否都应纳入备案审查的范围？根据《监督法》第五章"规范性文件的备案审查"，答案自然是否定的：全国人大及其常委会的决议、决定以及各级政府工作部门制定的命令、指示都不在备案审查之列。于是，有学者提出：为什么《监督法》不把所有的规范性文件都纳入备案审查？这就产生了规范性文件的备案审查范围的问题，如果这个范围过窄，可能使备案审查制度难以发挥作用；如果这个范围过宽，由于我国规范性文件的数量庞大，都交由备案机关来审查，既不现实也不可能。[②]

从另一方面而言，如果在实践中力求"有件必备、有备必审、有错必纠"的实质性的全覆盖备案审查，鉴于各级人大常委会备案审查机构人力不足，实

[①] 王锴：《论规范性文件的备案审查》，载《浙江社会科学》2010年第11期，第11－12页。
[②] 王锴：《论规范性文件的备案审查》，载《浙江社会科学》2010年第11期，第13页。

际上难以做到。因此，地方人大常委会纷纷采取变通措施而设置一些审查门槛，但带来的问题就是这种主观性甚至带有一些随意性的启动门槛可能将真正"有问题"的规范性文件拒之门外。不仅如此，"有件必备、有备必审、有错必纠"属于对规范性文件质量的普遍质疑，明显认为每一件规范性文件都可能存在问题，对每一件报送的规范性文件都进行"有罪推定"，对其进行审查。①

因此，并非只有符合备案审查条件的规范性文件方能纳入备案审查之列。鉴于备案审查是对立法质量的事后监督机制，因此只有那些带有立法性质的规范性文件才成为备案审查的对象，这也符合2014年《中共中央关于全面推进依法治国若干重大问题的决定》对备案审查提出的"禁止地方制发带有立法性质的文件"的要求。

那么，如何界定带有立法性质的规范性文件？所谓的立法，是指由法定的国家机关依照法定职权和程序，为社会成员创制具有普遍约束力的新规则的活动。② 此即为正式意义上的立法。但是，需注意的是，如果某种行为规范赋予了社会成员普遍遵守的义务，且如果不遵守将引起国家强制，即使这项活动不是由法定的国家机关进行的，甚至也没有严格按照法定程序进行，那么，我们也可以称这项活动为"带有立法性质"的活动，由此形成的包含普遍行为规范的文件就可以称为"带有立法性质"的文件，即"立法性文件"。③ 立法的本质特征是它能够创制新规则，为社会成员设定权利边界和增减义务内容。④ 于是乎，如前文所述，我国行政法学开始是以权利义务为标准区分行政立法与

---

① 于金惠：《备案审查的主动与被动》，载《人大研究》2019年第3期，第52页。
② 李克杰：《地方"立法性文件"的识别标准与防范机制》，载《政治与法律》2015年第5期，第60页。
③ 李克杰：《地方"立法性文件"的识别标准与防范机制》，载《政治与法律》2015年第5期，第57页。
④ 李克杰：《地方"立法性文件"的识别标准与防范机制》，载《政治与法律》2015年第5期，第59页。

规范性文件。鉴于该标准的不足，学者开始反思并提出两种改进思路：① 一种是完善权利义务区分标准。如有学者主张按照重要性标准，将重要性的事项划入规章的立法范围，将那些对公民权利义务不产生重要影响的事项划入规范性文件的制定权限范围。② 还有学者建议借鉴美国的法律效力标准进一步完善我国的权利义务区分标准，从而确立只有行政立法才可以"创制"公民义务，规范性文件只能解释立法的区分框架。③ 由于该学说坚持立法与规范性文件存在实质区别，因而无法诠释规范性文件具有效力的现实。另一种思路是引入实体标准即效力标准。如有学者提出，以强制的方式发布规则是行政立法"保留"的方式，由于规范性文件不是法，其不得采用这种方式。这就提出了一种以规范方式是否具有强制性来区分行政立法与规范性文件的标准。④ 这种标准仍然是从规则的实体内容角度对行政立法与规范性文件进行区分的，因此可以将其归入实体区分标准的范畴。鉴于在行政实践中，即使不以强制的方式发布，规范性文件仍然能够在事实上获得强制性。因此，所谓效力区分标准同样是不可取的。由此可见，我国学界对规范性文件是否具有立法性质莫衷一是。

对此可借鉴美国关于立法性规则与解释性规则的区分。⑤ 在美国，如果行政机关所指定的规则遵循《美国联邦行政程序法》规定的告知与评论程序颁布，即被视为立法性规则，就具有与法律相同的拘束力。解释性规则仅仅是行

---

① 王留一：《论行政立法与行政规范性文件的区分标准》，载《政治与法律》2018 年第 6 期，第 121 – 122 页。
② 武芳：《论地方政府规章和行政规范性文件的制定事项范围划分标准》，载《河北法学》2017 年第 7 期，第 148 – 149 页。
③ 孙首灿：《论行政规范性文件的司法审查标准》，载《清华法学》2017 年第 2 期，第 151 页。
④ 孙首灿：《论行政规范性文件的司法审查标准》，载《清华法学》2017 年第 2 期，第 152 页。
⑤ 高秦伟：《美国行政法上的非立法性规则及其启示》，载《法商研究》2011 年第 2 期，第 147 – 150 页。

政机构对制定法当前解释的一个陈述，它对法院或有说服力，或没有说服力。① 解释性规则与一般性政策声明不适用《美国联邦行政程序法》，解释性规则与一般性政策声明通常体现为函件、咨询回复、政策指南、执行指南、设计标准、办事手册等，② 其目的主要在于解释法律或者声明政策以用于内部管理。③ 解释性规则与一般性政策声明在学理上被统称为非立法性规则。非立法性规则仅仅是对法律中已经确定的权利义务进行阐述，④ 既没有国会的授权，也没有对私人权利与义务进行修改，更不能拘束公众与法院，因而不是"法"。美国联邦法院通过判例发展出来以下四项标准区分立法性规则与解释性规则：①若无此项规则，行政机关在执法或实施其他行为时是否拥有足够的立法依据；②行政机关拟解释的立法性规则对于一项解释性规则而言是否过于模糊或者开放；③行政机关是否在明确地运用普遍性的立法权力；④此项规则是否有效地修正了先前的一项立法性规则。如果对于第一个问题持肯定性的回答而对后三个问题持否定性回答的话，那么该项规则即为解释性规则。⑤

有学者借鉴美国立法性规则与解释性规则的判断标准，提出从立法主体的官方性、文件形式的有限性、行为规范的创制性、适用范围的明确性、适用对象的普遍性这五个方面来建构我国地方"立法性文件"识别标准。⑥ 结合我国法院对规范性文件附带审查的实践，可以进一步尝试从规范性文件制定主体、权限、形式、内容以及效力这五个方面判定其是否具有立法性质而被纳入备案

---

① ［美］理查德·皮尔斯：《立法性规则和解释性规则的区别》，宋华琳译，载浙江大学公法与比较法研究所：《公法研究（第二辑）》，商务印书馆2004年版，第421－449页。
② Connor N. Raso: Strategic or Sincere ? Analyzing Agency Use of Guidance Documents, 119Yale L. J. , 2010.
③ William Funk: When is A "Rule" A Regulation? Marking A Clear Line Between Nonlegislative Rules and Legislative Rules, 54 Admin. L. Rev. , 2002.
④ Alcarez v. Block, 746F. 2d 593, 613 (9th Cir. 1984).
⑤ 高秦伟：《美国行政法上的非立法性规则及其启示》，载《法商研究》2011年第2期，第150页。
⑥ 李克杰：《地方"立法性文件"的识别标准与防范机制》，载《政治与法律》2015年第5期，第63－64页。

审查范畴中。

（1）规范性文件制定主体。地方规范性文件的制定主体只能是地方国家机关，或者由法律、法规、规章授权的其他地方组织，地方国家机关既包括地方人大及其常设机构，也包括地方人民政府及其工作部门，还包括地方司法机关。但是，诸如领导小组、指挥部、联席会议等临时性行政机构、议事协调机构及其办公室以及各种类型的国家机关内部机构不得成为规范性文件制定主体。

（2）规范性文件制定权限。地方规范性文件的制定主体必须在其法定的职权职责范围内颁发。此外，在实践中有时会有一些其他主体参与到创制的环境中来，如专家参与座谈、民众意见的反馈，甚至上级机关还可能派员参与或授意赞同创制文件。这些辅助的参与方式或参与主体对于规范性文件的创制并非是决定性的，因此对创制权限的审查不产生根本性的影响。[①]

（3）规范性文件形式。规范性文件的名称、内部构造、外部形象等形式性特征，是用来判断系争文件是否属于规范性文件的一个重要标准。[②] 即必须符合《国家行政机关公文处理办法》所规定的命令（令）、决定、公告、通告、通知、通报、议案、报告、请示、批复、意见、函、会议纪要等13种法定公文形式之一，以及个别被废止却仍然具有法律效力的公文形式。

（4）规范性文件内容。未创设新的内容，不属于规范性文件的范畴。[③] 所谓创设新的内容，是指规范性文件在上位法规定的权利义务之外，为公民创制了新的权利义务。具体表现在：缩减或者剥夺了公民的权利，增加或豁免了公民义务，或者授予少数人特权；增加了本机关（部门）的权力，减少了本机

[①] 陈运生：《规范性文件附带审查的启动要件——基于1738份裁判文书样本的实证考察》，载《法学》2019年第11期，第168页。

[②] 陈运生：《规范性文件附带审查的启动要件——基于1738份裁判文书样本的实证考察》，载《法学》2019年第11期，第168页。

[③] 陈运生：《规范性文件附带审查的启动要件——基于1738份裁判文书样本的实证考察》，载《法学》2019年第11期，第168页。

关（部门）的法定职责。这是识别地方文件是否"带有立法性质"的最核心、最具决定性的标准。如果地方文件只在上位法规定的范围内具体规定公民行使权利履行义务的条件、方式，就不属于创制新规则，因而也就不是地方"立法性文件"。① 2010年《国务院关于加强法治政府建设的意见》首次规定，规范性文件不得违法增加公民、法人和其他组织的义务。2015年国务院发布的《法治政府建设实施纲要》再次强调，规定规范性文件不得减损公民、法人和其他组织合法权益或者增加其义务。

（5）规范性文件效力。规范性文件的效力是规范性文件区别于其他文件的重要评判指标，通常是从规范性文件所调整的对象、普遍适用性且能够反复适用和强制性等因素加以衡量。首先，规范性文件的适用对象应为公民、法人或其他组织，而不包括本机关或本部门有隶属关系的人员。有学者指出，将包括内部规范性文件即规章制度纳入备案审查的范畴，符合十八届四中全会决定"把所有规范性文件纳入备案审查范围"，符合依法治国"不留死角"的治国理念和基本精神。② 这种理解不符合法理，规范性文件应是对外部发挥效力，内部公文不对外发生效力因而不应被涵盖。其次，规范性文件必须具有普遍适用性且能够反复适用。即不能仅针对个案而为，应具有普遍约束力且可反复适用。对于那些不涉及公民、法人或者其他组织权利义务和所属工作人员身份得失的内部管理规范、会议纪要、请示报告、请示、信函、工作制度以及表彰奖励、人事任免、对具体事项作出处理决定等文件，以及每年一度人代会上例行通过的对本级人大常委会和"一府两院"工作报告、计划和预算报告的决议，由于没有实质的法定针对性和普遍约束力，不属于带有立法性质的规范性文件。最后，规范性文件必须具有强制性。法的一个重要特征就是以国家强制力

---

① 李克杰：《地方"立法性文件"的识别标准与防范机制》，载《政治与法律》2015年第5期，第64页。

② 李克杰：《地方"立法性文件"的识别标准与防范机制》，载《政治与法律》2015年第5期，第64页。

做后盾，不具有强制力的规范性文件自然不带有立法性质。

只有同时满足这五项标准的规范性文件，才能被认定为属于"带有立法性质"的规范性文件。但凡缺失上述五项标准中的任何一项要求，都被视为非立法性规范性文件。将带有立法性质的规范性文件纳入备案审查的范畴中，是人民代表大会制度优越性的体现，是立法监督的必由路径，是依法治国、提升国家治理能力现代化的必然要求。

也有学者认为，应当建立各级地方法院的司法审查与省级人大常委会备案审查的对接机制。即如果法院在具体案件的审判中发现地方规范性文件的合法性问题，那么将采取两方面措施：一方面，法院应当直接适用上位法对案件进行审判，排除违法的地方规范性文件的适用；另一方面，法院应当向省级人大常委会提出审查该法规的要求，由省级人大常委会对之加以审查，并最终提交全国人大常委会做出是否全部或部分撤销的决定，以彰显审查中的人大立法机关的权威。建立这种对接机制的好处是：一方面，地方法院在案件中面对违法的地方规范性文件时，可以进行个案性的审查，而非无所作为；另一方面，省级人大常委会可以通过具体案件发现并纠正较大的市的地方性法规的合法性问题，以发现较大的市的立法意图。[1]

第三节 地方司法规范性文件是否纳入备案审查范畴

虽然我国宪法并未赋予最高人民法院和最高人民检察院司法解释权，然而根据 1981 年全国人大常委会《关于加强法律解释工作的决议》第 2 条规定，

---

[1] 方小刚：《较大的市人大及其常委会立法权的法律控制》，华东政法大学 2015 年博士论文，第 115 页。

凡属于法院审判工作中具体应用法律、法令的问题，由最高人民法院进行解释。凡属于检察院检察工作中具体应用法律、法令的问题，由最高人民检察院进行解释。据此，最高人民法院和最高人民检察院获得了非针对个案的司法解释权。1997年最高人民法院发布的《关于司法解释工作的若干规定》，将司法解释的形式规定为"解释、规定、批复"三种。其中，解释是指如何应用某一法律或某一类案件、某一类问题如何适用法律所作的规定。有学者指出，在这三种司法解释中，除了批复是针对个案审理之外，解释和规定都是普遍适用的，解释和规定的差别在于，解释是围绕法律理解和法律适用问题的，而规定则是针对审判工作的，规定更加类似于美国、日本等国法院的内部规则。[①] 因此，当前司法解释中除了个案批复之外，其他的解释和规定都属于非立法性质的规范性文件的性质。[②]

实际上，根据前文所述，无论最高人民法院和最高人民检察院做出何种形式的规范性文件，只要符合立法性规范性文件的五项要件即被视为"带有立法性质"的规范性文件，均应纳入备案审查之列。这也符合《立法法》第104条的规定："最高人民法院、最高人民检察院作出的属于审判、检察工作中具体应用法律的解释，应当主要针对具体的法律条文，并符合立法的目的、原则和原意。遇有本法第四十五条第二款规定情况的，应当向全国人民代表大会常务委员会提出法律解释的要求或者提出制定、修改有关法律的议案。最高人民法院、最高人民检察院作出的属于审判、检察工作中具体应用法律的解释，应当自公布之日起三十日内报全国人民代表大会常务委员会备案。最高人民法院、最高人民检察院以外的审判机关和检察机关，不得作出具体应用法律的解释。"

然而，对于地方司法规范性文件是否可纳入备案审查范畴以及由哪个备案

---

① 王锴：《论规范性文件的备案审查》，载《浙江社会科学》2010年第10期，第12页。
② 王锴：《论规范性文件的备案审查》，载《浙江社会科学》2010年第10期，第13页。

审查机关进行审查,学界莫衷一是。在备案审查实务中,天津市、安徽省、新疆维吾尔自治区等地近年来制定了授权地方人大对地方"两院"规范性文件进行备案审查的地方性法规,但其调整的备案对象的范围和监督强度差别很大,其制定者唯恐突破国家法律的限制,而更多的地方在等待中央的决策。①

根据我国现有的司法制度,地方各级司法机关制定的规范性文件因不具有法律效力似乎不应被纳入备案审查范畴中,1987年最高人民法院发布了《关于地方各级人民法院不宜制定司法解释性文件的批复》。2010年最高人民法院《关于规范上下级人民法院审判业务关系的若干意见》第9条规定:"高级人民法院通过审理案件、制定审判业务文件、发布参考性案例、召开审判业务会议、组织法官培训等形式,对辖区内各级人民法院和专门人民法院的审判业务工作进行指导。"2012年最高人民法院、最高人民检察院《关于地方人民法院、人民检察院不得制定司法解释性质文件的通知》规定:"根据全国人大常委会《关于加强法律解释工作的决议》的有关规定,人民法院在审判工作中具体应用法律的问题,由最高人民法院作出解释;人民检察院在检察工作中具体应用法律的问题,由最高人民检察院作出解释。自本通知下发之日起,地方人民法院、人民检察院一律不得制定在本辖区普遍适用的、涉及具体应用法律问题的'指导意见'、'规定'等司法解释性质文件,制定的其他规范性文件不得在法律文书中援引。"然而,有学者指出,"两高"实际上又对地方"两院"制定规范性文件的权力留了"后门"。比如上述通知规定:"地方人民法院、人民检察院一律不得制定在本辖区普遍适用的、涉及具体应用法律问题的'指导意见'、'规定'等司法解释性质文件,制定的其他规范性文件不得在法律文书中援引。"言下之意是说,地方"两院"可以制定"其他规范性文件",

---

① 姚魏:《地方"两院"规范性文件备案审查的困局及纾解——以法律效力为中心的制度建构》,载《政治与法律》2018年第11期,第74页。

它们可以被适用,只是不得在法律文书中被援引。① 因此,地方司法机关制定的规范性文件对公民、法人和其他组织具有了一定的效力,天津市、安徽省、新疆维吾尔自治区等地顺应"全覆盖"审查要求似乎符合法理。

于是,有学者归纳出对地方"两院"规范性文件进行备案审查的制度与理论的五个方面困局:② 第一,地方"两院"制定规范性文件受限和解禁的标准不明确;第二,对"具体应用法律的解释""司法解释性质的文件""审判业务文件""地方'两院'规范性文件"无法做有效区分;第三,地方人大似乎不能通过立法自我授权对地方"两院"规范性文件进行备案审查;第四,从宪法原理上讲,对地方"两院"规范性文件进行备案审查的最合适主体未必是同级人大;第五,全国人大常委会对地方"两院"规范性文件备案审查工作缺乏明确指示和指导,地方人大开展工作依然艰难。形成当前困局的根本原因就在于地方"两院"规范性文件的法律效力不明确,继而产生能否备案审查、审查范围如何、由谁来审查、怎么审查等一系列问题,其中能否审查是首要难题,也是解决其他困惑的前提,且与文件的法律效力直接勾连。③ 因此,建议只要将地方"两院"规范性文件视作无法律效力的文件,并将人大对地方"两院"规范性文件备案审查视为无法律效力的监督行为,则上述所有困局和难题都将得到纾解。地方"两院"的所有规范性文件都应当被视为无法律效力的上级法院指导性文件。虽然地方"两院"规范性文件本身没有法律效力,但不等于对其没有备案审查的必要。这是因为它们具有事实上的约束力,如果下级法院不遵从上级法院发布的规范性文件,极有可能带来改判的

---

① 姚魏:《地方"两院"规范性文件备案审查的困局及纾解——以法律效力为中心的制度建构》,载《政治与法律》2018年第11期,第73-74页。
② 姚魏:《地方"两院"规范性文件备案审查的困局及纾解——以法律效力为中心的制度建构》,载《政治与法律》2018年第11期,第74-77页。
③ 姚魏:《地方"两院"规范性文件备案审查的困局及纾解——以法律效力为中心的制度建构》,载《政治与法律》2018年第11期,第81页。

后果，任何法官都不会对上级法院发布的规范性文件视而不见。① 所以地方人大对本级地方"两院"规范性文件进行备案审查责无旁贷，同时，由于法院是社会纠纷的最终裁决者，它们的规范性文件往往也能对其他国家机关和公民产生事实上的约束力，即裁判规范通常可转化为社会行为指引，如果这样的规范性文件违反法律，则可能间接导致社会秩序混乱。②

实际上，《地方各级人民代表大会和地方各级人民政府组织法》第44条第6项规定地方人大行使"监督本级人民政府、人民法院和人民检察院的工作"的职权，但并未"明确授权"地方人大的备案审查权，因此该项不能作为其享有备案审查权的法律依据。虽然《监督法》在第五章"规范性文件备案审查"中所规定的备案审查范围未包含地方"两院"规范性文件，都只是禁止地方司法机关制定具有司法解释性质的文件。但地方各级司法机关尤其是各省、自治区和直辖市的高级人民法院和高级人民检察院制定各种地方"司法解释"以及其他规范性文件早已成为一种比较普遍的实践，而且这些规范性文件具有事实上的效力早已是不争的事实。因此，有些省份在有关规范性文件备案审查的地方性法规中就已明确将某些法院制定的解释性文件视为应该予以备案审查的"规范性文件"。③ 如果我国法院的司法解释权来源于宪法而不是由全国人大常委会决定，④ 并且考虑到"监督"和"领导"下级司法机关所需抽象性文件不可避免会涉及司法解释问题，那么将《宪法》第132条和第137条⑤理解为默示司法机关拥有制定包括抽象性司法解释在内的规范性文件

---

① 姚魏：《地方"两院"规范性文件备案审查的困局及纾解——以法律效力为中心的制度建构》，载《政治与法律》2018年第11期，第82页。
② 姚魏：《地方"两院"规范性文件备案审查的困局及纾解——以法律效力为中心的制度建构》，载《政治与法律》2018年第11期，第83页。
③ 黄金荣：《"规范性文件"的法律界定及其效力》，载《法学》2014年第7期，第19-20页。
④ 董皞：《司法解释论》，中国政法大学出版社1999年版，第11页。
⑤ 《宪法》第132条第2款规定："最高人民法院监督地方各级人民法院和专门人民法院的审判工作，上级人民法院监督下级人民法院的审判工作。"第137条第2款规定："最高人民检察院领导地方各级人民检察院和专门人民检察院的工作，上级人民检察院领导下级人民检察院的工作。"

的权力也未尝不可。因此，可以做这样的理解：《监督法》的规定实际上也并未排除，一旦地方司法机关制定了带有立法性质的规范性文件而不予监督，倘若排除在外，将会带来由于这些规范性文件具有事实效力而对公民权利造成损害却游离于监督之外的后果，这显然不符合"全覆盖"备案审查的要求。

因此，有学者指出：在现有制度下，全国人大常委会依法对司法解释实行备案审查，如司法解释与法律规定相抵触，将会被依法责令修改或废止，或因与全国人大常委会做出的立法解释不一致而失去适用资格；相应地，地方两院为执行司法解释制定的具体指导意见应与司法解释同命运，如司法解释在备案审查中未被责令修改或废止，则地方两院规范性文件仅发生是否符合司法解释本意的问题。建议地方人大保持审慎和克制的最大原因在于：地方人大监督宪法、法律在地方的实施，并不监督司法解释的适用。地方两院针对如何执行司法解释做出的具体适用规定，以及自行制定的"有实无名的司法解释"，性质上都是具备司法属性的规范性文件，其是否与司法解释本意合拍、是否违背上级司法机关禁止下级制定司法解释的规定，都可以通过内部监督，交由对该制定机关负有指导职能的上级机关审度为宜，并由审判与检察系统自行开展条线指导与内部监督更稳妥。[①]

第四节　联合行文是否纳入备案审查范畴

《国家行政机关公文处理办法》第 16 条规定："同级政府、同级政府各部门、上级政府部门与下一级政府可以联合行文；政府与同级党委和军队机关可

[①] 吕健：《地方"两院"司法解释性质文件如何定位和监督》，载《东南大学学报（哲学社会科学版）》2019 年第 6 期，第 77 页。

以联合行文；政府部门与相应的党组织和军队机关可以联合行文；政府部门与同级人民团体和具有行政职能的事业单位也可以联合行文。"由此可见，"联合行文"不仅有党政联合行文和政府联合行文，还有其他类型的联合行文。

对于政府联合行文，即两个或两个以上同级地方政府为解决相邻地区的共同问题或者为解决相同的事务而联合发布规范性文件，实践中的一般做法是，相关地方政府按照同级监督原则，分别向本级人大常委会报送备案这类规范性文件。① 对于政府与人民团体和具有行政职能的事业单位的联合行文，毫无疑问接受人大常委会的备案审查。然而，由于各地区对法律的理解并不相同，在实践中可能会出现对同一个联合发文，有的人大常委会予以认可，而有的人大常委会不予以认可，出现对相同的规范得出不同的审查结论的情形。这种现象的出现不利于国家的法制统一，不利于人民群众权利的维护。因此，对于这种地方政府联合发布的规范性文件，在分别抄送本级人大常委会的同时，应该向共同的上级人大常委会报送备案，由共同的上级人大常委会予以审查，这样似乎更为妥当。② 对于党政机关联合行文，鉴于其特殊性则应另当别论。

深入推进党内法规制度建设是党的十八大以来加强党的建设伟大工程的一项重要战略与举措，根据中共中央印发《关于加强党内法规制度建设的意见》，中国共产党始终把党内法规作为全面从严治党的制度支撑和重要保障，治国必先治党，治党务必从严，从严必依法度。加强党内法规制度建设，是全面从严治党、依规治党的必然要求，是建设中国特色社会主义法治体系的重要内容，是推进国家治理体系和治理能力现代化的重要保障，事关党长期执政和国家长治久安。党的十九大报告明确指出，要"增强依法执政本领，加快形成覆盖党的领导和党的建设各方面的党内法规制度体系"，而完善和规范党内法规备案审查制度则是党内法规制度体系的关键一环。因此，2012 年颁布并

---

① 郝永伟：《人大规范性文件备案审查若干问题探析》，载《人大研究》2011 年第 2 期，第 33 页。
② 郝永伟：《人大规范性文件备案审查若干问题探析》，载《人大研究》2011 年第 2 期，第 33 页。

于 2019 年修订的《中国共产党党内法规和规范性文件备案审查规定》（以下简称《备案审查规定》）旨在对党内法规和党内规范性文件是否符合宪法、法律以及党章等要求进行审查。《备案审查规定》第 2 条第 2 款规定："本规定所称规范性文件，指党组织在履行职责过程中形成的具有普遍约束力、在一定时期内可以反复适用的文件。"《备案审查规定》第 2 条第 3 款规定："下列文件不列入备案审查范围：（一）印发领导讲话、年度工作要点、工作总结等内容的文件；（二）关于人事调整、表彰奖励、处分处理以及机关内部日常管理等事项的文件；（三）请示、报告、会议活动通知、会议纪要、情况通报等文件；（四）其他按照规定不需要备案审查的文件。"

需注意的是，我国现实中普遍存在党政联合行文现象。通常，一些重大问题和重点工作，一般是由党委决策、政府执行，往往是党委和政府联合下文。而这些由党委和政府联合制发的规范性文件，即以党委与政府，或者党委工作部门与政府工作部门的名义联合制发规范性文件。有学者指出，从文件性质上分析，党政联合发文并不符合党内法规的制定主体、内容形式和文件名称等规范要件，通常也不符合制定行政法规和规章的法定程序，因而不应属于党内法规或者行政法规、规章，应当属于规范性文件。[1] 党内规范性文件在涉足国务事项时与国家法律存在调整事项上的重合，实践中，这类文件往往包含着大量的行政事项，"往往代替甚至高于法律法规的效力"。[2] 不仅如此，党内规范性文件与国家法律往往在具体事项的规定上存在冲突龃龉；有的地方政府试图规避人大及其常委会的监督而寻求党政联合行文的情况也时有发生。[3] 这不但影响了我国法制体系的统一，甚至阻碍国法的顺利执行，损害党委规范性文件的权威和效力。

因此，从依法行政的角度，应极力避免党政联合行文，但是鉴于联合行文

---

[1] 秦前红、苏绍龙：《党内法规与国家法律衔接和协调的基准与路径——兼论备案审查衔接联动机制》，载《法律科学》2016 年第 5 期，第 28 页。

[2] 于幼军：《求索民主政治：玉渊潭书房札记》，三联书店 2013 年版，第 315 页。

[3] 王晓鹏：《浅谈规范性文件备案审查的范围》，载《人民代表报》2010 年 4 月 13 日，第 3 版。

在某种程度上确是极为有效的治理手段，若出现联合行文情形则应及时转化为国法或政府规范性文件。党内规范性文件向国法转化的条件、程序等诸多事项仍在探索中，① 必须将这些党政联合行文纳入备案审查中。2017 年党中央出台的《关于加强党内法规制度建设的意见》提出要进一步加强"完善备案审查制度"，党的十八届三中、四中全会反复强调要加大党内法规备案审查力度，加强党内法规和国家法律法规的衔接和协调。

但是，对党政联合行文的备案审查存在以下困境：首先，鉴于行文分属两种不同性质的机关，因而难以确定一个共同的备案审查主体。一方面，无论由人大还是由党委法规工作机构审查均无法律或党内法规上的依据。另一方面，党委文件体现党委的决策和意图，在党委领导下的人大常委会应贯彻执行。其次，现实中，党内规范性文件多由党委法规工作机构负责审核和审查，客观上造成了规避行政规范性文件备案审查的事实，而党委法制工作机构往往又不具备充足的行政事项备案审查能力，使这类文件处于事前审核和事后备案审查的模糊地带。② 2015 年中共中央办公厅印发《关于建立法规、规章和规范性文件备案审查衔接联动机制的意见》重申"有件必备、有备必审、有错必纠"，但是党政联合制发的规范性文件仍然需要"进一步明确哪些由党委进行备案审查，哪些依法由人大常委会实施，哪些由政府负责"③。

于是，有学者认为，党政联合制发文件，政府方面应主动向本级人大常委会报备审查。如果涉及不适当情形的，一方面人大常委会党组应出面向党委进行汇报，另一方面人大常委会相关机构应向政府方面提出备案审查意见。如果政府方面出现"漏报"，人大方面应主动将其纳入非立法性规范性文件备案审

---

① 王婵：《党内规范性文件法治化过程中存在的问题与应对》，载《上海政法学院学报（政法论丛）》2020 年第 1 期，第 140 页。

② 秦前红、苏绍龙：《党内法规与国家法律衔接和协调的基准与路径——兼论备案审查衔接联动机制》，载《法律科学》2016 年第 5 期，第 28 页。

③ 李适时：《全面贯彻实施修改后的立法法——在第二十一次全国地方立法研讨会上的总结》，载《中国人大》2015 年第 21 期，第 12 - 17 页。

查的程序，主动审查，以防万一。①

也有学者提出，对于过往需要党政联合行文的事项，党委完全可以依据党内法规规定的权限和程序，提出包含政策建议的党内规范性文件或者向有关国家机关党组行文指示，再由有关国家机关依据法定程序制定为行政法规、规章或其他规范性文件，党内规范性文件与行政规范性文件即可分别按照党内法规和法律法规的规定进行备案审查，既实现了两个规范体系的衔接和协调，也在关键领域落实了党的十八届四中全会"把所有规范性文件纳入备案审查范围"的部署。② 为了加强党内法规和国家法律法规的衔接和协调以及完善备案审查衔接联动机制，有学者提出在中共中央设立相对独立的法治监督委员会为党内最高备案审查机关，其职责如下：对有关国家机关党组报送党中央的重大法律、决定等规范性法律文件草案进行初审，经初审通过的草案报中央审核后，再按法定程序提请有关国家机关决定；对向中央报备的党内法规和规范性文件是否与党章和党的路线方针相抵触，是否同上位党内法规和规范性文件相抵触等党内事项进行备案审查；与全国人大宪法委员会衔接联动，对党内法规和规范性文件是否符合宪法和法律进行审查；经审查认为与党章和党的路线方针等不一致的，以及经与全国人大宪法委员会联动审查认为与宪法和法律不一致的党内法规和规范性文件，应当按程序提出修改意见、退回要求纠正或者予以撤销。③ 审查的相关问题若涉及行政法规、规章和其他行政规范性文件的，还应当积极与国务院法制办联动审查处理。④

---

① 丁桂华：《非立法性规范性文件备案审查的法理依据及相关问题》，载《人大研究》2017年第9期，第10页。
② 秦前红、苏绍龙：《党内法规与国家法律衔接和协调的基准与路径——兼论备案审查衔接联动机制》，载《法律科学》2016年第5期，第29页。
③ 秦前红、苏绍龙：《中国政党法治的逻辑建构与现实困境》，载《人民论坛》2015年第20期，第14-21页。
④ 秦前红、苏绍龙：《党内法规与国家法律衔接和协调的基准与路径——兼论备案审查衔接联动机制》，载《法律科学》2016年第5期，第28页。

本章小结

虽然地方立法备案审查的对象以地方性法规、规章为立法核心,但是,在某种程度上地方规范性文件是地方立法的延伸和补充,是地方国家机关有效管理地方事务的重要手段。党的十八届四中全会提出,把所有规范性文件纳入备案审查范围,这不仅是提升监督实效的有力手段,也是依法治国的必然要求。一些地方规范性文件越权代法、部门利益凸出、职能错位、权责不清等,不仅削弱了政府权威,还损害了公民合法权利。因此,为加强规范性文件备案审查,2014年《中共中央关于全面推进依法治国若干重大问题的决定》明确提出"禁止地方制发带有立法性质的文件"。

因此,地方政府及其工作部门、地方"两院"制发带有立法性质的文件应纳入地方立法备案审查中。2019年12月,十三届全国人大常委会第十四次会议通过《全国人民代表大会常务委员会关于国家监察委员会制定监察法规的决定》,明确将监察法规纳入全国人大常委会备案审查工作的范围。这意味着,地方监察机关制定的监察法规以及其他带有立法性质的文件也开始纳入地方立法备案审查中。地方党政联合行文纳入地方立法备案审查已成为共识,相应的联动协调机制也在积极酝酿中。

随着地方立法备案审查范围的不断扩展,根据党的十八届四中全会决定"把所有规范性文件纳入备案审查范围""禁止地方制发带有立法性质的文件",能有力地促进地方立法监督,践行依法治国的理念和精神。

第四章 地方立法双重备案审查剖析

地方立法备案审查制度是在确保中央和地方两个积极性、地方与中央立法权统一的前提下，谨慎下放立法权的产物。根据《立法法》第98条，地方立法备案审查在三种意义上存在双重甚至多重审查的现象：第一，由于双重备案机关性质不同存在着双重备案审查，凡涉及中央与地方监督关系的，均由立法机关和行政机关同时予以备案审查，备案机关有时多达四个。第二，由于审查性质不同存在着批准审查和备案审查双重备案审查。这主要针对设区的市的地方性法的备案审查，即先由省、自治区人大常委会进行批准（第72条），然后再交由全国人大常委会和国务院按照《立法法》第98条的规定进行备案审查。第三，根据审查方式不同区分为主动审查与被动审查，其中被动审查又包括审查建议和审查要求。本章旨在剖析此三种双重备案审查的内涵，以期为如何构建备案审查启动方式、原则与标准以及具体审查程序等提供基础。

第一节 地方立法备案审查体系之双重性

我国备案审查的主体较为分散，尤其对设区的市的地方立法而言，更是呈现出多元备案审查体系。地方立法由于制定主体不同分为地方性法规和地方政府规章，与之对应的备案审查机制也大相径庭。

就地方性法规的备案审查而言，根据《立法法》第 98 条第 2 项：省、自治区、直辖市的人民代表大会及其常务委员会制定的地方性法规，报全国人民代表大会常务委员会和国务院备案；设区的市、自治州的人民代表大会及其常务委员会制定的地方性法规，由省、自治区的人民代表大会常务委员会报全国人民代表大会常务委员会和国务院备案。省、自治区、直辖市的地方性法规同时报全国人大常委会和国务院两个机关备案。设区的市的地方性法规经省、自治区人大常委会批准（第 72 条）（实际上也进行了备案）后，再报全国人大常委会和国务院备案，也就是说，设区的市的地方性法规要同时向省级人大常委会、国务院和全国人大常委会三个机关进行备案。

对于地方政府规章而言，《立法法》第 98 条第 4 项规定："部门规章和地方政府规章报国务院备案；地方政府规章应当同时报本级人民代表大会常务委员会备案；设区的市、自治州的人民政府制定的规章应当同时报省、自治区的人民代表大会常务委员会和人民政府备案。"地方政府规章须报国务院和本级人大常委会两个机关进行备案。而设区的市的地方政府规章要同时向所在市人民代表大会常委会、省级人大常委会、省级人民政府和国务院四个机关进行备案。

由此可见，我国地方备案审查制度特色鲜明，在备案主体、审查对象、审查层级、审查内容和审查方式等方面具有双重性或二元性特色。

第一，备案主体具有双重性。由《立法法》第 98 条的规定可以看出，我国备案审查制度主体可归为人民代表大会常务委员会和人民政府两类，即报各级人大常委会的备案审查和各级政府的备案审查同时存在。前者是基于立法机关自身性质以及在我国权力配置体系中的权威地位，为了维护我国法律体系的统一性而具备备案审查主体资格；后者则是依据政府间上下级直接领导关系而对下级政府的规范性文件进行的审查。如前所述，这两种备案审查方式存在交叉重合。根据党的十八届四中全会决定"把所有规范性文件纳入备案审查范围""禁止地方制发带有立法性质的文件"的要求，地方政府及其部门颁发的规范性文件都应纳入备案审查范畴中。在政府备案审查体系中，县级以上人民政府依法设立的派出机关制定的行政规范性文件，报设立派出机关的人民政府备案；县级以上人民政府所属工作部门、实行省以下垂直管理的部门以及法律、法规授权实施公共管理的组织制定的行政规范性文件，报本级人民政府和上一级行政主管部门备案。

第二，审查对象的双重性。如上所述，对于各级人大进行的备案审查而言，其备案审查的对象不仅针对下一级人民代表大会及其常务委员会作出的决议、决定，而且还针对本级人民政府发布的决定、命令，因此人大和政府作出的这两种不同性质的规范性文件是其审查对象。

此外，鉴于备案审查的对象是规范性文件，而规范性文件的内涵有狭义和广义之分，备案审查对象涵盖广义和狭义的规范性文件。《立法法》规定的备案审查对象包括行政法规、地方性法规、自治条例和单行条例、规章，被称为狭义的规范性文件。《监督法》规定的规范性文件被学界称为广义的规范性文件，不仅包括《立法法》规定的法律性文件，还包括由国家机关和其他团体、组织制定的具有普遍约束力的文件。而根据"把所有规范性文件纳入备案审查范围"的要求，不仅各级人大和人民政府颁布的决定、命令、通知、意见、办法、批复、公告、会议纪要等具有反复适用性和普遍约束力的规范性文件需纳入备案审查的范围，而且地方"两院"制发具有司法解释性质的规范性文件以及党政联合发文的规范性文件也需纳入备案审查的范围。

第三，审查层级具有双重性。就备案审查而言，存在中央和地方两个层面的审查。在中央层面，全国人大常委会对行政法规、地方性法规、自治条例和单行条例以及最高人民法院和最高人民检察院制发的司法解释进行备案审查；

国务院对地方性法规、自治条例和单行条例、各部委部门规章、地方政府规章进行备案审查。也就是说，行政法规和"两高"的司法解释由全国人大常委会专属备案审查，部门规章和地方政府规章由国务院专属备案审查。而在地方层面，地方立法需同时报中央和地方进行双重备案。

第四，审查内容具有双重性，即合法性审查与合宪性审查相勾连。合法性审查与合宪性审查是两种截然不同的制度建构。合宪即意味着是符合《宪法》规定或原则，合法意味着公权力运行完全依照法律为之而无违反法律举止。"当下也的确存在一种把备案审查等同于违宪审查的倾向或趋势"，[1] 有的学者提出，鉴于我国当前的合宪性审查机制在与合法性审查机制一体化的建构中成为附属性的一种机制，但并非合法性审查包含合宪性审查，而是相反，即合宪性审查应当包括合法性审查。申言之，合宪性审查应当吸纳和引领合法性审查，而合法性审查只可作为合宪性审查的一个延伸性的附属部分。实际上，地方立法备案审查有别于合宪性审查。虽然法规备案审查是我国启动合宪性审查的一种途径，但并不是唯一的途径；不仅如此，《立法法》规定的备案审查中本身就包括了合宪性审查的内容，法规备案审查的内容并不限于合宪性审查，还包括合法性及适当性审查。[2] 正如全国人大常委会法规备案审查室主任梁鹰所言"目前备案审查主要是合法性审查"，[3] 法规备案审查并不能等同于合宪性审查，作为法规备案审查主要内容的地方立法备案审查与合宪性审查既相区别又相勾连。[4] 尽管现行备案审查制度承载了合宪性与合法性的多重审查功能，却不能认为其与合宪性或合法性审查是包含与被包含的关系。合法性审查

---

[1] 范进学：《完善我国宪法监督制度之问题辨析》，载《学习与探索》2015年第8期，第68页。
[2] 胡锦光：《论法规备案审查与合宪性审查的关系》，载《华东政法大学学报》2018年第4期，第25页。
[3] 梁鹰：《全国人大常委会着手"合宪性审查"研究部署》，载《检察风云》2018年第3期，第7页。
[4] 林来梵：《合宪性审查的宪法政策论思考》，载《法律科学》2018年第2期，第40页。

也因而成为合宪性审查的一项重要的过滤机制。① 在此意义上，备案审查也成为合宪性审查的过滤机制之一。

由于全国人大宪法和法律委员会是唯一合宪性审查适格主体，因此，在中央层面对地方立法进行备案审查时，全国人大常委会、国务院进行的是合法性审查，而全国人大则进行合宪性吸纳合法的备案审查；在地方层面对地方立法进行备案审查时，地方立法多是依据法律制定，因此地方人大常委会及国务院是以合法性审查为主，但有是否合宪性的初步判断权，一旦发现有违宪嫌疑，则发挥其对合宪性审查进行有效过滤的功能立即提请全国人大常委会审查；对于民族自治地方的自治条例和单行条例，由于是一种对法律的变通性立法，对其进行备案审查时，应在进行合法性审查时兼顾合宪性审查。

第五，审查方式具有双重性。备案审查主要通过主动与被动两种方式进行，两种审查方式有时会同时针对某一规范性文件。所谓主动审查是指，在没有提出审查要求或者审查建议的情况下对规范性文件主动进行审查；被动审查是指，根据提出审查要求或者审查建议对规范性文件进行审查。② 也可以说，主动审查是依职权进行的审查，即依据法律赋予的职权，对备案的法规规章和司法解释进行的审查；而被动审查意味着依申请进行的审查，即依据国家机关、社会团体、企业事业单位和公民个人提出的审查要求或建议进行的审查。根据《立法法》第98条的规定，行政法规、地方性法规、自治条例和单行条例、规章应当在公布后的30日内依照规定报有关机关备案，即进行主动审查。然而，即便对那些进行了主动审查而未出现合法性乃至合宪性疑问的立法，《立法法》第99条规定，国务院、中央军事委员会、最高人民法院、最高人民检察院和各省、自治区、直辖市的人大常务委员会认为行政法规、地方性法

---

① 王锴：《合宪性、合法性、适当性审查的区别与联系》，载《中国法学》2019 年第 1 期，第 23 页；胡锦光：《论法规备案审查与合宪性审查的关系》，载《华东政法大学学报》2018 年第 4 期，第 27 页。

② 本书编写组：《规范性文件备案审查制度理论与实务》，中国民主法制出版社 2011 年版，第 110 页。

规、自治条例和单行条例同宪法或者法律相抵触的,可以向全国人大常委会书面提出进行审查的要求;国务院、中央军事委员会、最高人民法院、最高人民检察院和各省、自治区、直辖市的人大常务委员会以外的其他国家机关和社会团体、企业事业组织以及公民认为上述行政法规、地方性法规、自治条例和单行条例同宪法或者法律相抵触的,可以向全国人民代表大会常务委员会书面提出进行审查的建议,即进行被动审查。

第二节 批准制度与备案审查之龃龉

《立法法》第72条第2款中规定:"设区的市的地方性法规须报省、自治区的人民代表大会常务委员会批准后施行。省、自治区的人民代表大会常务委员会对报请批准的地方性法规,应当对其合法性进行审查,同宪法、法律、行政法规和本省、自治区的地方性法规不抵触的,应当在四个月内予以批准。"此即所谓的批准审查。然而,理论与实务界对于批准审查的性质莫衷一是。尤其是根据《立法法》第98条第2项中的规定:"设区的市、自治州的人民代表大会及其常务委员会制定的地方性法规,由省、自治区的人民代表大会常务委员会报全国人民代表大会常务委员会和国务院备案。"设区的市的地方性法规还须进行备案审查。因此,设区的市的地方性法规需同时进行批准审查和备案审查。

由此产生的问题是:批准审查和备案审查究竟是何种关系,即省、自治区的人大常委会的批准审查究竟属于形式审查还是实质审查?同样,与之相呼应的全国人大常委会的备案审查的性质又是什么?若省、自治区的人大常委会的批准审查属于实质审查,全国人大常委会随后对备案的地方立法进行纯粹形式性的备案，这使得法制统一化的法制诉求在很大程度上不能得到满足；若省、自治区的人大常委会的批准审查属于形式审查，其审查徒具形式而且会削弱其批准审查的权力与积极性，随后由全国人大常委会进行实质意义的备案审查，但全国人大常委会无力面对280多个设区的市的法规备案审查。由此可见，如何协调两种审查关乎中央与地方分权、立法权划分的深层次宪法理论问题，即究竟全国人大常委会还是省、自治区人大常委会是最终的审查主体，也即设区的市的地方立法究竟属于委托立法还是其本身固有立法，省、自治区人大常委会的批准审查究竟是委托审查还是其固有审查？

理论和实务界对设区的市的地方性法规审查批准制度的性质认定，主要有两种分歧：一是认为这一制度属于一种监督性制度，据此，省、自治区人大常委会享有的审查批准权是一种监督性权力，只能在程序上对设区的市的立法权进行监督制约，只要设区的市的地方性法规不违反上位法的规定，与上位法不抵触，就应当在法定期限内做出批准决定；二是认为这一制度属于一种决定性制度，据此，省、自治区人大常委会享有的审查批准权是一种实质性权力，其不仅掌握着设区的市的地方性法规的"生死大权"，还能左右设区的市的地方性法规的内容，是一种决定权。也就是说，省、自治区人大常委会对报批的设区的市的地方性法规既要进行形式审查也要进行实质审查，除了作出批准与否的决定之外，还可以对其进行修改。[1]

我国是单一制国家，奉行人民代表大会理论，采取立法权集中于中央的"一元两级多层次"立法体制。在这种立法体制下，"地方的一切权力均由中央通过法律授予，立法权也是如此"[2]。地方并不拥有独立的立法权，"不存在

---

[1] 伊士国、李杰：《论设区的市地方性法规的审查批准制度》，载《中州大学学报》2017年第6期，第58页。

[2] 胡锦光：《论法规备案审查与合宪性审查的关系》，载《华东政法大学学报》2018年第4期，第24页。

只能由地方立法而中央不能立法的情况"①，地方立法权也因此十分有限②。地方立法在本质上属于授权立法，而且是一种不完全的立法，这种地方立法权曾被定性为半个立法权。③ 因此，设区的市的地方立法权也必然只能是半个立法权，即根据《立法法》第72条第2款的规定，省、自治区人大常委会审查批准即是对设区的市的立法权的干预，一旦省、自治区人大常委会不予批准，则该法规就面临着欠缺生效要件而不生效的尴尬局面。鉴于此，理论和实务界均提出废除或替换批准审查，从而赋予设区的市完整的立法权以顺应地方立法扩权这一立法体制改革趋势的建议。

鉴于对地方立法半个立法权定性的影响，以及地方立法扩权先由省、自治区、直辖市扩至省会城市和较大的市，然后至设区的市，而且仅限于"城乡建设与管理、环境保护、历史文化保护"三项内容的现实，实务界多坚持设区的市的地方立法权派生于省、自治区、直辖市立法权，属于非常有限的立法权，其最终仍属于省、自治区、直辖市本身的立法，因此必须予以控制以防出现纰漏。这也是为何在《立法法》制定过程中屡次将设区的市的立法批准制改为备案制，却遭大多数的省、自治区反对④而作罢。实际上，批准制度有别于备案制度。有学者指出，就立法批准的性质而言，它既属于立法程序，亦属于立法监督形式，是兼具双重性质的立法活动。⑤ 还有学者认为，立法批准制度是立法活动的一种程序。⑥ 因此，批准制度更侧重于立法必经程序，而备案属于事后监督机制。实践中由于立法批准制度的存在，省、自治区人大常委会将过多地干预设区的市的立法权，这不仅会遏制设区的市的立法主动性和积极

---

① 武增：《中华人民共和国立法法解读》，中国法制出版社2015年版，第269页。
② 郭万清：《应赋予设区的市地方立法权——对城市地方立法权的新思考》，载《江淮论坛》2010年第3期，第115页。
③ 宓雪军：《半个立法权辨析》，载《现代法学》1991年第6期，第42页。
④ 刘松山：《中国立法问题研究》，知识产权出版社2016年版，第91页。
⑤ 周旺生：《立法研究》（第6卷），北京大学出版社2007年版，第2页。
⑥ 阮荣祥：《地方立法的理论与实践》，社会科学文献出版社2008年版，第167页。

性，还会降低地方立法的特色性和可操作性，还有可能将新赋予的设区的市的立法权架空。① 不仅如此，地方立法需要经市级人大常委会和省级人大常委会等一系列流程，而政府规章只需提交本级人民政府通过并备案即可，这使得一些设区的市为了绕过省级人大常委会的审查批准，会出现回避制定地方性法规的行为，造成地方人大一定程度上出现了"无法可立"的尴尬局面。②

所以，为了推动立法权下沉，理论上应废除批准制度而全面实施备案审查制度。正如在《立法法》制定过程中时任全国人大法律委员会副主任委员乔晓阳所言，"赋予较大的市地方立法权是考虑到各个城市的管理有其特殊性，由于地方立法的水平不平衡，仍需要保留批准制度，但从长远来看，较大市可以不考虑报批制度。""较大市经历十数年的发展，已经形成成熟的立法队伍，可以逐步取消省级人大常委会对较大市的法规批准制度"③。若认为省、自治区人大常委会的审查批准权不仅可以对设区的市的地方性法规的合法性进行审查，还可以对其进行合理性审查，甚至还能修改其内容，无异于将省、自治区人大常委会审查批准权等同于其过去享有的"审议制定权"，这不能不说是一种历史的倒退。④

但是，我们也应看到，2015 年《立法法》修订后才赋予了设区的市有限的立法权，多达 285 个设区的市的立法水平参差不齐、立法资源不平衡且立法经验不足，加之省、自治区、直辖市试图巩固其立法权现状，短期内废除批准制度既不现实也不明智。因此，当下乃至相当长的一段时间可做折中处理：将批准制度视为立法程序的必经环节，由省、自治区、直辖市人大常委会进行实质性预防审查，其作用是防止设区的市的人民代表大会及其常务委员会滥用地

---

① 伊士国、李杰：《论设区的市地方性法规的审查批准制度》，载《中州大学学报》2017 年第 6 期，第 58 页。
② 乔晓阳：《中华人民共和国立法法讲话》，中国民主法制出版社 2000 年版，第 248 - 249 页。
③ 乔晓阳：《中华人民共和国立法法讲话》，中国民主法制出版社 2000 年版，第 248 - 249 页。
④ 伊士国、李杰：《论设区的市地方性法规的审查批准制度》，载《中州大学学报》2017 年第 6 期，第 58 页。

方立法权①；备案审查是事后立法监督的关键性制度，由全国人大常委会或国务院进行起补充作用的形式审查。由此可见，只有建立全国统一的批准制度，才能充分协调发挥批准制度和备案审查制度的优越性，调动设区的市的立法积极性和创造性。

第三节 主动审查与被动审查之纠葛

如前文所述，根据《立法法》第98条和第99条的规定，可将备案审查区分为主动审查和被动审查两种，即在没有提出审查要求或者审查建议的情况下对规范性文件主动进行审查和根据提出审查要求或者审查建议对规范性文件进行的被动审查。②

但是，有学者指出，称作"主动"和"被动"，主要区别是发起审查的途径不同，途径不同在处理上也有些差别。主动审查是由人大常委会工作机构主动发起，因此不存在提出审查要求或者审查建议的人，也就不存在与提出审查要求或者审查建议的人沟通以及进行回复的问题。而被动审查是依意见或建议而被动发起，人大常委会接到审查要求后要依照立法法、监督法和全国人大备案审查工作程序的要求，由人大常务委员会工作机构分送有关的专门委员会进行审查、提出意见；人大常务委员会接到审查建议后，由人大常务委员会工作机构进行研究，必要时，送有关的专门委员会进行审查、提出意见。审查工作结束后，常委会办公厅可以根据需要，将审查结果书面告知提出审查要求或者

---

① 李春燕：《论省级人大常委会对设区的市地方性法规批准制度》，载《江汉学术》2017年第3期，第59页。
② 本书编写组：《规范性文件备案审查制度理论与实务》，中国民主法制出版社2011年版，第110页。

审查建议的国家机关和社会团体、企业事业组织以及公民。因此，对于人大进行的备案审查而言，无论主动审查还是被动审查，仅在与提出审查要求或者审查建议的人沟通和回复环节有所差别，审查主体和审查程序都是相同的，主动审查只是作为一种发起主体特殊的工作方式方法存在，两者不存在质的区别，因此仅因途径不同将主动审查和被动审查称作两种不同的"审查方式"并不十分确切。主动审查与被动审查只是称谓不同而已。①

还有学者对主动审查提出质疑：② 首先，建立在对规范性文件质量普遍质疑的基础上，规范性文件一经制定主体通过后，即具有相应效力，备案并不影响它的生效。如法律明确规定要主动审查，并在实践中强调要"有备必审""有错必纠"，属于对规范性文件质量的普遍质疑，对每一件报送的规范性文件都"有罪推定"对其进行审查，且必须由备案主体赋予其效力。事实上，对经历了法定程序的规范性文件进行重新审查，容易造成工作资源的浪费，应在发现规范性文件有问题的线索之后，再进行有针对性的审查才合理。其次，主动审查无法承受备案审查任务之重，依靠人大常委会现有的机构和人员的力量，主动审查工作实在是不能承受之重。在此基础上要对备案的规范性文件进行主动审查，甚至"有备必审"，是一项根本无法完成的任务。实践中这种主动审查如果要求全覆盖则基本流于形式，审查无法深入；或者只能设置一些条件对报送的个别规范性文件进行主动审查。主动审查选择规范性文件往往带有随意性，造成工作资源浪费。由于主动审查对人大常委会工作机构的要求较高，基本不可能做到实质性的全覆盖，有些地方人大常委会探索出一些变通的做法，不要求大而全，而是设置一些条件，选取一些这些机构认为有审查必要的规范性文件进行主动审查。这不失为一个聪明的做法，但带来的问题就是这

---

① 本书编写组：《规范性文件备案审查制度理论与实务》，中国民主法制出版社 2011 年版，第 110 页。于金惠：《备案审查的主动与被动》，载《人大研究》2019 年第 3 期，第 52 页。

② 于金惠：《备案审查的主动与被动》，载《人大研究》2019 年第 3 期，第 52 页。

种选择带有一些随意性，主观性较强。选择这些规范性文件的标准可以是重要、有一定影响、有争议等，但难以摆脱人大常委会工作机构主观选取的窠臼。这些都是标准，但不是这些被选取的规范性文件有问题的标准，而是出了问题造成的影响有多大的标准。换言之，这种选择不是"问题导向"，在这种选取方法之下，可能每年选取的纳入主动审查范围的规范性文件，大多数都没有问题，造成了工作资源某种意义上的浪费。

实际上，主动审查是依职权进行的审查，即依据法律赋予的职权，对备案的法规规章和司法解释进行的审查；而被动审查意味着依申请进行的审查，即依据国家机关、社会团体、企业事业单位和公民个人提出的审查要求或建议进行的审查。主动审查意味着有关立法主体事前主动接受全国人大常委会的立法监督，在其制定的行政法规、地方性法规、自治条例和单行条例、规章公布后的 30 日内尚未生效前受到预防性监督。而被动审查可能由于国务院、中央军事委员会、最高人民法院、最高人民检察院和各省、自治区、直辖市的人大常务委员会在行政法规、地方性法规、自治条例和单行条例生效前发现有同宪法或者法律相抵触嫌疑的而提请进行与上述主动审查相同的预防性事前审查，但是被动审查多是发生在上述法规、条例生效后，在实践中出现使公民权利受到贬损的适用问题情形下，由受到影响的社会团体、企业事业组织以及公民向全国人民代表大会常务委员会书面提出进行审查的建议进行审查。由此可见，被动审查多依附于个案属于附带性审查，针对审查对象的具体立法缺失问题性强，是对公民、法人和其他组织权利保障的不可或缺的制度。

因此，虽然主动审查与被动审查在审查程序上几乎没有差异，但是鉴于其各自发挥着不可或缺且相互补充的功能，主动审查与被动审查都是我国备案审查方式的有机组成部分。

第四节 双重备案审查之缺憾

地方立法备案审查是我国法规备案审查的重要组成部分，然而这种以人大为中心兼顾其他审查主体的机制，受到不少学者的诟病。有学者指出，人大主导的法规审查机制还会导致"自己充当自己法官"的问题，同一级别的人大常委会既行使自身的立法权，又对下级立法行使审查权，这就容易导致上级立法合法侵害下级的自主事权。[①] 这种所谓理论上缺陷的说辞并未考虑到我国人民代表大会理论及其制度的优越性，因此并不具有说服力。尽管如此，我们却不得不面对备案审查制度存在的缺憾。

首先，地方立法双重备案审查导致诸多备案审查制度内部冲突。由上文可知，虽然地方立法备案审查的主体以各级人大为主，但还存在国务院、省、市人民政府、党内各级审查机关以及军队法规备案审查机关（军地联合发文时），它们分别属于人大、政府、党委和军委四个性质不同、相互独立的机关。因此，有学者指出，上述四个性质不同机关的立法侧重点略有不同。如人大立法注重人权保障，政府立法偏重行政效率，党内法规考虑政治导向，军事立法严格保守秘密等。行政机关制定的行政法规、规章相对于国家权力机关立法具有易变性的特点，要适应社会经济文化发展的需要及时更新。[②] 而且正是由于它们各自不同的立法导向，决定了以上机关在备案审查中遵循的原则并不一致。对党内法规的政治性审查的审查目标集中体现为，使每一部党内法规和

---

① 王建学：《论地方性法规制定权的平等分配》，载《当代法学》2017 年第 2 期，第 11 页。
② 胡建淼：《政府法治建设》，国家行政学院出版社 2014 年版，第 67 页。

每一份规范性文件都能准确体现党的意志。① 人大进行的备案审查是以合法性兼顾合宪性,其宗旨在于保障公民的权利不得受到侵害、使各级立法纳入法治的框架实现将权力关入笼中的设想。政府进行的备案审查强调下级对上级的立法的细化与执行,其目的在于保证政府各职能部门高效运行。军事立法备案审查则侧重其高度专业性和保密性,确保军队在保证其军事任务的同时开展军民融合活动。但是,无论是人大、政府还是军委开展备案审查,都不会刻意强调所审查的对象是否与党章或党内法规相抵触。此外,不同审查主体的领导体制、工作方式存在较大差异。不同审查主体所遵循的审查原则、领导体制以及工作方式不同,客观上导致了各审查主体之间的审查基准不同。② 这必然导致因无统一的审查标准保证整个审查体系的一致性,不同的审查主体对审查的对象做出的结论可能大相径庭。

随着地方立法不断扩权,面对多达 285 个设区的市以及其他地方立法主体,各立法主体在水平、能力和经验等方面千差万别,立法质量参差不齐,双重甚至多重备案审查的现实使得各备案主体做出相互冲突的审查决定的可能性与日俱增。不仅如此,面对众多立法主体制定的庞大的规范性文件,各审查主体均须逐一审查,这种重复审查本身就是对有限的备案审查资源的巨大浪费。不仅如此,有学者还指出,无论其他审查主体是否遵循人大备案审查的原则及程序,都会或多或少地稀释弱化人大备案审查的地位,客观上削弱人大备案审查的主导性。③ 如国务院和全国人大常委会对同一规范性文件开展备案审查时,在同等条件下,鉴于国务院享有一定的处置权且其程序简洁高效,相较全国人大常委会审查具有主动性、便捷性的优势。当二者的审查决定出现不同

---

① 段磊:《论党内法规与规范性文件备案的审查基准》,载《学习与实践》2017 年第 12 期,第 33 页。
② 秦前红、李雷:《人大如何在多元备案审查体系中保持主导性》,载《政法论丛》2018 年第 3 期,第 34 页。
③ 秦前红、李雷:《人大如何在多元备案审查体系中保持主导性》,载《政法论丛》2018 年第 3 期,第 34 页。

时，理应优先尊重全国人大常委会的审查意见，但实践中并没有法律做出如此规定。以自治条例和单行条例的备案审查为例，无论是法规规章备案条例还是备案审查工作程序都没有对当国务院和全国人大常委会审查结果不同时如何处理作出规定。长此以往，在备案审查的交叉地带，人大备案审查的权威有可能被国务院的备案审查消解。由此可见，多元备案审查体系下的双重备案体制，既无法发挥出审查效率优势，又不利于备案审查资源的整合优化，还将在某种意义上削弱人大备案审查的权威性。

其次，地方立法双重备案审查制度引发与其他制度间的龃龉。如上所述，鉴于对地方立法备案主体的多元化，而且多以向人大和政府这两个备案主体的双重备案审查为核心。这直接面临着同时向这些适格主体备案时，若它们之间无统一的审查标准和协商机制，可能产生审查决定不一致的龃龉。诚如学者所言，长此以往在备案审查的交叉地带，人大备案审查的权威有可能被国务院的备案审查消解。① 不仅如此，根据《地方组织法》第 59 条第 3 项的规定，政府依法监督、审查的是下级政府和同级政府部门的规范性文件，也就是说，政府依法监督、审查的规范性文件不限于下一级政府规范性文件；由于政府上下级之间是领导关系，由此可见，地方政府可以通过上述规定而绕过备案审查径行审查，即对地方政府规章等规范性文件的审查行使改变或撤销权。因此，备案审查制度在实际操作中被异化为备案和审查两种相互脱节、互不"干涉"的制度。②

根据《立法法》，全国人大常委会，省、自治区、直辖市人大常委会，国务院，省、市人民政府均可对地方立法进行备案审查。而根据《宪法》第 89 条第 14 项、《地方组织法》第 55 条，国务院可以改变或撤销地方各级政府的

---

① 秦前红、李雷：《人大如何在多元备案审查体系中保持主导性》，载《政法论丛》2018 年第 3 期，第 34 页。

② 罗建明：《规范性文件备案审查法律制度缺陷分析》，载《人大研究》2015 年第 6 期，第 21 – 22 页。

决定、命令。根据《地方组织法》第55条和第44条第8项，地方人大常委会依法监督、审查的是同级政府的规范性文件；省级人大常委会对设区的市的地方性法规不仅在批准时有撤销权，在备案审查时也有撤销权。但国务院未被赋予对设区的市的地方性法规的撤销权。也就是说，在设区的市的地方性法规备案审查的三个报备机关中，国务院只有备案审查权，没有撤销权。就设区的市的地方政府规章而言，在四个报备机关中，国务院有改变或者撤销权；地方人民代表大会常务委员会有权撤销本级人民政府制定的不适当的规章。省、自治区的人民政府有权改变或者撤销下一级人民政府制定的不适当的规章，而省级人大常委会无此权力。由此可见，备案审查权与改变、撤销权不匹配。实践中，可能会出现设区的市的地方性法规经过省级人大常委会批准并报全国人大常委会和国务院备案后，全国人大常委会审查通过，但国务院在备案审查中发现合法性问题却不享有撤销权的尴尬。有些报备机关只有撤销权、没有改变权，这又使得备案审查机关的权力大小有所不同。对于既拥有备案审查权，又拥有改变或撤销权的机关，面对同一部地方立法，还可能会出现改变权、撤销权行使中的"打架"问题。[①]

不仅如此，地方立法双重备案还会与对地方性法规、规章之间不一致的裁决机制产生冲突。《立法法》第95条规定："地方性法规、规章之间不一致时，由有关机关依照下列规定的权限作出裁决：（一）同一机关制定的新的一般规定与旧的特别规定不一致时，由制定机关裁决；（二）地方性法规与部门规章之间对同一事项的规定不一致，不能确定如何适用时，由国务院提出意见，国务院认为应当适用地方性法规的，应当决定在该地方适用地方性法规的规定；认为应当适用部门规章的，应当提请全国人民代表大会常务委员会裁

---

① 王春业、张宇帆：《设区的市地方立法备案审查制度的困境与出路》，载《北方论丛》2019年第3期，第21-22页；罗建明：《规范性文件备案审查法律制度缺陷分析》，载《人大研究》2015年第6期，第21-22页。

决；（三）部门规章之间、部门规章与地方政府规章之间对同一事项的规定不一致时，由国务院裁决。根据授权制定的法规与法律规定不一致，不能确定如何适用时，由全国人民代表大会常务委员会裁决。"首先，制定机关作为裁决机关时不能成为备案审查机关；其次，备案审查的目的是合法性审查，主要是针对是否符合法律的审查，而不一致裁决机制仅针对地方性法规、规章之间产生不一致；最后，多个备案审查机关均可进行备案审查，究竟依据备案审查机关的审查结论还是依据不一致裁决机关的裁决呢？那么，备案审查究竟与不一致裁决制度有何联系？若分属不同制度，如何协调裁决机关与审查机关不一致问题？

此外，备案审查制度还与公民、法人和其他组织的异议审查与行政诉讼、行政复议之间发生龃龉。各地在规范性文件备案审查办法中仿效立法法中关于公众提请审查的规定，[①] 纷纷对公众审查建议的处理做出了规定。而根据《行政诉讼法》第53条的规定，公民、法人或者其他组织认为行政行为所依据的国务院部门和地方人民政府及其部门制定的规范性文件不合法，在对行政行为提起诉讼时，可以一并请求对该规范性文件进行审查。由此可见，除了前述人大、政府、党委和军委对规章以下规范性文件进行备案审查外，规范性文件还可能因行政诉讼而接受司法机关的审查。因此，有学者指出，当公民、法人或其他组织向制定机关、备案机关提出审查建议同时又提出行政诉讼的附带审查时，该如何协调三者之间的审查结果？因为目前并没有规定此三种救济途径的先后顺序，因而理论上只要相对人同时启动多种救济或监督机制，则可能存在相冲突的结果。[②] 此外，备案审查还与行政复议相冲突。《行政复议法》第26

[①] 《立法》第99条第2款规定："前款规定以外的其他国家机关和社会团体、企业事业组织以及公民认为行政法规、地方性法规、自治条例和单行条例同宪法或者法律相抵触的，可以向全国人民代表大会常务委员会书面提出进行审查的建议，由常务委员会工作机构进行研究，必要时，送有关的专门委员会进行审查、提出意见。"

[②] 李巧玉：《行政规范性文件多重审查衔接机制建构》，载《黑龙江省政法管理干部学院学报》2019年第3期，第24页。

条中规定："申请人在申请行政复议时，一并提出对本法第七条所列有关规定的审查申请的，行政复议机关对该规定有权处理的，应当在三十日内依法处理；无权处理的，应当在七日内按照法定程序转送有权处理的行政机关依法处理，有权处理的行政机关应当在六十日内依法处理。"该规定并未规定可否对同级甚至上级政府或政府部门的规范性文件进行审查，而且更未规定若规范性文件的行政复议机关与备案审查机关、制定机关相重合时可否处理及如何处理等现实问题。因此，有学者指出，此时行政复议对行政规范性文件的审查作用仅提供了一个救济渠道，但具体操作和后果被悬空。[①]

最后，地方立法双重备案审查制度容易滋生地方保护主义。备案审查制度的初衷是维护社会主义法制的统一和尊严，提升立法质量，保障公民、法人和其他组织的合法权益。鉴于当下地方立法数量庞大、立法质量参差不齐，地方立法备案审查制度主要通过对其立法合法性审查防止其违反上位法、侵害公民的合法权益，地方制发带有立法性质的规范性文件也是全覆盖备案审查的重点审查对象。有学者指出，当前的多元备案审查体系并不利于祛除地方保护，反倒可能滋生备案审查中的地方保护。如实践中地方政府规章要体现使某些地方政府规章顺利通过审查备案，国务院在开展相关备案审查时，可能也会考虑地方人大常委会的审查意见，进而受到先前审查结果的干扰。如此一来，地方保护的消极后果极有可能延伸至上级行政机关，从而降低备案审查祛除地方保护、维护法制统一的预期效果。[②] 不仅如此，地方层面（包括地方人大及其常委会、政府）往往基于 GDP、营商指数、法治政府指数政绩等的激励考核压力以及促进地方民生等的现实考量，以凸显发展地方特色的托词而做出与中央乃至与本省、自治区相龃龉的立法与政策，片面保护本地区的利益甚至部门利

[①] 李巧玉：《行政规范性文件多重审查衔接机制建构》，载《黑龙江省政法管理干部学院学报》2019 年第 3 期，第 24 页。

[②] 秦前红、李雷：《人大如何在多元备案审查体系中保持主导性》，载《政法论丛》2018 年第 3 期，第 34 页。

益，规避正常的备案审查程序，或止步于本省、自治区人大常委会审查，或绕过备案审查而直接诉诸上下级间的改变撤销制度。这最终势必违背备案审查的初衷，对维护社会主义法制统一造成破坏。

本章小结

地方立法双重备案审查制度是备案审查的重要组成部分，其制度设计初衷乃是通过人大与政府这两个体系进行双保险式的备案审查以确保地方立法的合法和高质量。然而，由于双重备案采取的是简单的"行政层次式"监督模式，[①] 没有考虑到立法统一性和权威性，又由于备案机关重合低效、审查程序安排不当、备案资源分散浪费等弊端逐步显现，使得备案审查制度的功能大为降低。因此，欲强化地方立法备案审查制度，不仅应在全国范围内建立统一的规范性文件备案审查标准，还应建立与其他对规范性文件进行审查的制度的协调联动机制，避免对同一规范性文件在受到不同审查主体审查时可能出现的冲突，从而真正发挥备案审查的立法监督功能，维护社会主义法制的统一与尊严。

[①] 莫纪宏：《规范性文件备案审查制度的"合法性"研究》，载《北京联合大学学报（人文社会科学版）》2012年第3期，第104页。

第五章　地方立法备案审查的方式、原则与标准

《立法法》实施 20 年来，地方立法备案审查已成为中国特色社会主义法律体系的有机组成部分，发展成为有中国特色的立法制度。地方立法备案审查有其独特的审查形式与方式、原则以及标准，但是目前仍存在一些问题亟待解决，本章对此进行探讨。

第一节　地方立法备案审查的形式

根据《立法法》的规定以及各地关于备案审查的规定，备案审查是以书面审查为主。《立法法》第 100 条中规定："全国人民代表大会专门委员会、常务委员会工作机构在审查、研究中认为行政法规、地方性法规、自治条例和单行条例同宪法或者法律相抵触的，可以向制定机关提出书面审查意见、研究意见；也可以由法律委员会与有关的专门委员会、常务委员会工作机构召开联合审查会议，要求制定机关到会说明情况，再向制定机关提出书面审查意见。"书面审查通常还须制定机关到会说明情况或提交材料，如国务院《法规

规章备案条例》第 11 条规定:"国务院法制机构审查法规、规章时,认为需要有关的国务院部门或者地方人民政府提出意见的,有关的机关应当在规定期限内回复;认为需要法规、规章的制定机关说明有关情况的,有关的制定机关应当在规定期限内予以说明。"2010 年公布、2011 年实施的《新疆维吾尔自治区各级人民代表大会常务委员会规范性文件备案审查条例》① 第 12 条第 1 款规定:"审查规范性文件中,需要制定机关说明情况或者补充材料的,备案审查机构或者有关工作机构可以要求制定机关予以及时说明情况或者补充材料。"《河北省各级人民代表大会常务委员会规范性文件备案审查条例》第 9 条第 2 款中规定:"审查时,可以要求规范性文件制定机关补充相关材料,说明有关情况。"1993 年发布、生效的《黑龙江省规范性文件备案办法》第 11 条第 1 款规定:"各级人民政府法制机构对报送本级人民政府备案的规范性文件,在审查过程中,认为需要有关机关提出意见、提供有关法律依据或协助审查的,有关机关应当在限期内回复。"

除此之外,各地还采取召开座谈会、论证会或听证会审查、邀请专家参与审查、通过网络征求意见以及通过各部门协调等审查形式。

地方多以召开座谈会、论证会或听证会形式进行审查。如《山东省各级人民代表大会常务委员会规范性文件备案审查规定》第 16 条规定:"人民代表大会有关专门委员会、常务委员会有关工作机构、备案审查工作机构可以通过召开联合审查会议、论证会、听证会等方式,广泛听取制定机关、相关部门、专家及社会各界的意见。"《新疆维吾尔自治区各级人民代表大会常务委员会规范性文件备案审查条例》第 11 条规定:"审查规范性文件需要制定机关说明材料或者补充情况的,各审查机构可以要求制定机关及时说明情况或者补充材料。必要时,可以召开座谈会、论证会、听证会等,听取相

---

① 该条例已于 2020 年 9 月 19 日修订。——编辑注

关意见。"《河北省各级人民代表大会常务委员会规范性文件备案审查条例》第 9 条中规定："必要时，可以通过召开联合审查会议、论证会、听证会等方式，广泛听取制定机关、相关部门、专家及社会各界的意见。"有学者指出，在备案审查实际工作中，全国人大常委会备案审查工作机构也采用邀请部门、专家进行座谈的形式进行。[①]

对于邀请专家参与审查形式而言，专家只是参与并提供建议和意见，并无法律效力。有些地方利用网络等形式广泛听取意见和建议协助审查。如《云南省各级人民代表大会常务委员会备案审查规定》第 9 条规定："审查机构对规范性文件进行审查时，可以通过会议、书面、网络等形式广泛听取人大及其常委会有关委员会、规范性文件制定机关、相关部门、专家及社会各界的意见和建议。"

还有些地方则通过各部门协调形式进行审查。如《江苏省各级人民代表大会常务委员会规范性文件备案审查条例》第 11 条规定："省人民代表大会专门委员会、常务委员会工作机构对报送备案的规范性文件发现存在本条例第七条所列情形之一的，经与省人民代表大会常务委员会法制工作委员会会商后提出审查意见。设区的市人民代表大会专门委员会、常务委员会工作机构，县（市、区）人民代表大会常务委员会工作机构对报送备案的规范性文件发现存在本条例第七条所列情形之一的，经与设区的市、县（市、区）人民代表大会常务委员会依据本条例第八条第二款确定的承担审查工作的机构会商后提出审查意见。"

由此可见，各地在坚持书面审查的基础上，根据自己的特点辅之于各种形式的备案审查，这对丰富我国备案审查制度大有裨益。

---

① 本书编写组：《规范性文件备案审查制度理论与实务》，中国民主法制出版社 2011 年版，第 52 页。

第二节 地方立法备案审查的方式

无论是理论界还是实务界，都对备案审查是以主动审查为主还是以被动审查为主莫衷一是。如前所述，所谓主动审查是指，在没有提出审查要求或者审查建议的情况下对规范性文件主动进行审查；被动审查是指，根据提出审查要求或者审查建议对规范性文件进行审查。[1] 也可以说，主动审查是依职权进行的审查，即依据法律赋予的职权，对备案的法规、规章和司法解释进行的审查；而被动审查是依申请进行的审查，即依据国家机关、社会团体、企业事业单位和公民个人提出的审查要求或建议进行的审查。

据学者归纳，理论界与实务界对于备案审查方式存在五种不同的认识：[2] 第一种意见认为，不宜将审查分为主动审查和被动审查。主动审查和被动审查的区别在于发现问题的方式不同，前者是人大常委会工作机构自行发现问题，后者是通过机关、组织、公民提出审查要求或者审查建议发现问题，两者并不能成为各自独立的审查程序。主动审查和被动审查的区分是否适当或者有无意义并不重要，关键是要解决问题。第二种意见认为，应采用"被动审查为主、主动审查为辅"的模式。公民、法人提出审查建议，就必须进行审查，在工作上必须有保证。主动审查也要做，但不需要"有备必审"，对涉及改革发展稳定大局、人民群众切身利益、社会普遍关注的重大问题以及涉及行政许可、行政强制、行政处罚的规范性文件，应当认真开展主动审查。第三种意见认

---

[1] 本书编写组：《规范性文件备案审查制度理论与实务》，中国民主法制出版社2011年版，第110页。

[2] 本书编写组：《规范性文件备案审查制度理论与实务》，中国民主法制出版社2011年版，第115–118页。

为，应当采用主动审查和被动审查相结合的方式。一方面，对公民、法人或者其他组织提出的审查建议积极受理，依法进行审查。另一方面，要根据情况有重点地对某些方面的规范性文件进行主动审查。不宜过分强调"被动审查为主、主动审查为辅"。特别是有的市、县人大常委会每年备案的文件数量不多，收到的审查建议又较少，在做好被动审查的同时，应当强调积极进行主动审查。强调主动审查与被动审查相结合的方式，既可以及时发现问题、解决问题，又可以避免备案审查工作因审查要求、建议过少而无所作为。第四种意见认为，应当实行"有备必审"。备案是为了审查，不能只备不审。各地人大应积极创造条件，尽可能对备案的规范性文件都进行审查，特别是对那些明显违法、不合理的规范性文件更要做好审查工作。从备案的目的和立法监督制度的要求出发，监督主体接受规范性文件备案后，必须进行审查。第五种意见认为，应当采用被动审查方式。采用"不告不理"的审查方式，有人提出质疑，就启动监督程序，对被质疑的条款进行审查。

虽然主动审查和被动审查只是发现问题的途径不同，也不存在各自独立的审查程序，但是这两种审查的意义却大相径庭：被动审查是在尊重备案立法自主权下的事后被动监督，而主动监督却是基于对备案立法权的不信任进行的干预性监督。不仅如此，若过于凸显主动审查的地位，将遭到主动审查是对被审查规范性文件"有罪推定"的质疑，[①] 而且主动审查选择的规范性文件往往带有随意性，造成工作资源浪费。况且，根据2000年制定的《立法法》第89条以及在2015年全国人大常委会法工委启动专项审查之前，全国人大常委会的备案审查方式是依法通过被动审查而非主动审查为之。只是在2015年《立法法》修改后，在原第89条基础上增加1款后变为第99条第3款"有关的专门委员会和常务委员会工作机构可以对报送备案的规范性文件进行主动审查"，

---

① 于金惠：《备案审查的主动与被动》，载《人大研究》2019年第3期，第52页。

由此全国人大专门委员会和常委会工作机构才开始进行主动审查。但是，被动审查仍然是主要审查方式，主动审查仅是辅助审查。根据 2001 年国务院修订的《法规规章备案规定》，行政体系对法规、规章的备案审查也是通过被动审查进行，而且未对是否进行主动审查作出规定。随着 2015 年中央办公厅出台工作指导性文件明确提出人大常委会要"有件必备，有备必审，有错必纠"，主动审查开始浮出水面。根据全国人大常委会备案审查机构近年的备案审查报告，全国人大常委会先后采取了主动审查、被动审查、专项审查等多种方式，其中被动审查仍是主流，同时创造了函询、约谈、督办、通报等多种审查形式。随着有些地方人大常委会如安徽、广东等地专门制定了规范性文件主动审查办法①，主动审查虽然不是主要方式，但是似乎越来越成为备案审查的必要手段。

根据 2017 年以来的全国人大常委会法工委每年所做的备案审查工作情况报告，全国人大常委会法工委将备案审查分为依职权进行的审查（主动审查）、依申请进行的审查（被动审查）和有重点的专项审查（专项审查）三种方式。其实，有重点的专项审查，即为贯彻党中央重大决策部署、保障宪法法律实施或回应社会重大关切，指有重点地对某方面或某领域的规范性文件进行的审查。这实质上也属于主动审查，就是组织对某一类、某一领域的法规、司法解释集中进行全面清理和审查研究。② 因此，专项审查只是因为其重要性而被予以凸出，但它仍然属于主动审查方式。近年来，由于"有件必备，有备必审，有错必纠"的要求，不仅全国人大常委会强化专项审查活动，地方也

---

① 《安徽省各级人民代表大会常务委员会实行规范性文件备案审查的规定》第 11 条规定："对下列规范性文件，可以进行主动审查：（一）涉及改革发展稳定大局和人民群众切身利益、社会普遍关注的重大问题的；（二）涉及限制或者剥夺公民、法人和其他组织合法权利，或者增加公民、法人和其他组织义务的；（三）涉及行政许可、行政强制、行政处罚的；（四）其他认为需要进行审查的。"《广东省各级人民代表大会常务委员会规范性文件备案审查条例》第 16 条规定："县级以上人民代表大会有关的专门委员会、常务委员会工作机构依法对备案的规范性文件进行主动审查。"

② 梁鹰：《备案审查制度若干问题探讨》，载《地方立法研究》2019 年第 6 期，第 12 页。

逐渐将备案审查予以法定化、常态化。如《法规、司法解释备案审查工作办法》第 25 条规定:"法制工作委员会结合贯彻党中央决策部署和落实常委会工作重点,对事关重大改革和政策调整、涉及法律重要修改、关系公众切身利益、引发社会广泛关注等方面的法规、司法解释进行专项审查。在开展依职权审查、依申请审查、移送审查过程中,发现可能存在共性问题的,可以一并对相关法规、司法解释进行专项审查。"《河北省各级人民代表大会常务委员会规范性文件备案审查条例》第 10 条规定:"县级以上人民代表大会专门委员会、常务委员会工作机构可以对以下方面的规范性文件开展专项审查:(一)关系重大改革和政策重大调整的;(二)涉及的法律、法规有重要修改的;(三)关系人民群众切身利益和社会普遍关注的重大问题的;(四)其他需要进行专项审查的。"《广东省各级人民代表大会常务委员会规范性文件备案审查条例》第 17 条规定:"县级以上人民代表大会有关的专门委员会、常务委员会工作机构可以对以下方面的规范性文件集中开展专项审查:(一)涉及改革发展稳定大局、重大政策调整、人民群众切身利益和社会普遍关注的重大问题的;(二)涉及的法律、法规作出重要修改的;(三)上级、本级人民代表大会及其常务委员会的决议、决定和本级人民代表大会常务委员会的监督工作计划要求进行专项审查的;(四)其他需要进行专项审查的。"

此外,对于规范性文件的提前介入审查究为备案审查的前置程序还是主动审查的一种形式,理论界与实务界莫衷一是。有学者指出,备案审查通常须在规范性文件生效后方可进行,属于"事后监督"的范畴,且遵循"被动审查为主,主动审查为辅"的原则,因此"提前介入"式审查于法无据。[①] 尽管如此,鉴于地方立法权"半个立法权"的属性,尤其是设区的市的立法权更为有限,多达三至四个备案机关。因此,对设区的市的立法是从立法规划至批准

---

① 钱明龙:《规范性文件备案审查可提前介入吗?》,载《浙江人大》2011 年第 12 期,第 54 页。

备案全过程监督：设区的市的人民代表大会常务委员会将其立法规划报省人民代表大会常务委员会备案，其年度立法计划也纳入省人民代表大会常务委员会立法计划；立法草案须提前报送省级人大常委会审阅，省级人大常委会法工委将草案发送给各省直机关征求意见，将各方意见汇总后反馈报送机关，市人大常委会得到批准答复后才会正式开始立法程序。市人大在法案经第一次审议后，还会邀请省人大常委会法工委的工作人员提前介入到立法过程中，对法案的审议内容、存在的问题等予以记录后提交省人大常委会法工委提前讨论，并将意见送还市人大，市人大在进行第二次审议之前要将省人大常委会法工委提出的意见修改后报送省人大常委会。因此，这种提前介入的审查方式并非备案审查前置程序，而是将规范性文件审查的关口前移，在规范性文件出台前把好关，有利于保证规范性文件合法性、合理性，有利于规范政府行为，将立法批准制度的审查分解开来，极大提高了法规批准的工作效率。[①] 但是，考虑到不能因提前介入审查而干预设区的市的立法自主权，应明确将提前介入审查行为定性为建议，并非对制定主体的强制干预，制定机关有权决定是否采纳批准机关的意见。因此，有学者指出，需要合理适用提前介入和提前沟通制度，但是不能将其作为强制性规定。[②]

提前介入的主动审查形式为不少地方所采纳，多是通过其立法条例予以体现。如《广东省地方立法条例》第69条第1款规定："设区的市的人民代表大会常务委员会编制年度立法计划时，应当加强与省人民代表大会有关的专门委员会和常务委员会工作机构的沟通。"《河南省地方立法条例》第8条规定："省人民代表大会常务委员会应当通过编制立法规划、年度立法计划等形式，加强对立法工作的统筹安排。"

[①] 钱明龙：《规范性文件备案审查可提前介入吗?》，载《浙江人大》2011年第12期，第55页。
[②] 曹瀚予：《省级人大常委会对设区的市法规报批处理方式探讨》，载《人大研究》2018年第9期，第46页。

第三节 地方立法备案审查的原则

如第二章所述,备案审查本质上属于合法性审查而非合宪性审查。因此,有别于我国合宪性审查所应遵循的合法性审查优先原则、限定启动合宪性审查程序主体资格、穷尽法律救济原则和国家行为免受司法审查原则,[①] 地方立法备案审查应秉持合法性、法制统一与尊严和适当性等原则。

一、合法性原则

地方立法备案审查是以合法性审查为其基本原则,即备案审查机关在对地方法规、规章以及其他带有立法性质的规范性文件进行备案审查时,应审查其是否符合上位法尤其是否符合法律。需注意的是,合法性审查的判断依据并不包括宪法,即有别于合宪性审查,是以是否符合上位法为准则,因此合法性审查原则又被学者称为"合乎上位法"的审查。[②] 鉴于我国地方立法权被视为"半个立法权",加之备案审查所肩负的维护社会主义法制统一与尊严的立法监督使命,合法性审查并非简单地要求"合乎上位法",更是要求以全国人大及其常委会制定的法律为最高判断基准。

依学理,合法有别于合宪,合宪性审查迥异于秉持合法性审查的备案审

[①] 胡锦光:《论合宪性审查的"过滤"机制》,载《中国法律评论》2018年第1期,第64-81页。
[②] 王锴:《合宪性、合法性、适当性审查的区别与联系》,载《中国法学》2019年第1期,第7页;段梦乔、程迈:《论合法性审查对合宪性审查的基础作用》,载《法治现代化研究》2019年第5期,第74页。

查。正如有学者指出，违法与合法中的"法"并不包括宪法。在更宽泛的意义上说，宪法也是法，违反宪法也是一种违法；法律是宪法的具体化，法律只有符合宪法才具有效力，才能予以适用，违反法律也是一种违宪，即间接违宪。在宪法上，甚至可以说在法学上，讨论间接违宪即违法并不具有实质性的意义和价值，也会使这一讨论陷于空泛而不能解决任何实际问题。违宪与违法，在法学、宪法学、法规范意义上，都是一个非常特定化的概念、范畴和制度。合宪与合法的区别在于，合宪是符合宪法，合法是符合法律；违宪与违法的区别在于，违宪是直接违反了宪法，违法是直接违反了法律。两者的界限在于，在需要对某个行为作出法规范上的判断时，采用法律适用优先原则，即如果存在法律时先适用法律进行判断，在没有法律或者适用法律仍然不能作出判断时，才需要适用宪法作出判断。①

因此，有学者指出，从审查主体、审查范围、审查阶段、审查方式、审查结果的效力等方面，合宪性审查均不同于合法性审查。② 还有学者从合法性审查的本质上阐明与合宪性审查的区别，即只有两个规范在调整内容上相同或者相关时，才有冲突的可能和合法性审查的必要。从表面上看，合宪性审查与合法性审查的区别似乎是违宪与违法的不同，其实不然。"合法不一定合宪，违法也不一定违宪"。③ 鉴于我国备案审查地方立法主体多元且分属不同国家权力体系、审查呈双重甚至多重状况，并不具备适格的合宪性审查主体资格，备案审查应当以合法性审查为其基本原则。

但是，我国立法中常将合宪性审查与合法性审查并列的现实，导致理论界和实务界将备案审查涵盖甚至等同于合宪性审查的极大误解。《立法法》规定

---

① 胡锦光：《论法规备案审查与合宪性审查的关系》，载《华东政法大学学报》2018 年第 4 期，第 26 – 27 页。
② 段梦乔、程迈：《论合法性审查对合宪性审查的基础作用》，载《法治现代化研究》2019 年第 5 期，第 74 – 76 页。
③ 王锴：《合宪性、合法性、适当性审查的区别与联系》，载《中国法学》2019 年第 1 期，第 13 页。

的备案审查本身就包括了合宪性审查的内容，法规备案审查的内容并不限于合宪性审查，还包括合法性及适当性审查。① 有学者指出，《立法法》第 72 条第 2 款规定省级人大常委会对设区的市的地方性法规进行事先批准时，一方面说"省、自治区的人民代表大会常务委员会对报请批准的地方性法规，应当对其合法性进行审查"，同时又说，"同宪法、法律、行政法规和本省、自治区的地方性法规不抵触的，应当在四个月内予以批准"。显然，把"同宪法是否抵触"也视为"合法性审查"的内容。同时，在实务中，也经常将合法性审查的案例当作合宪性审查。② 正因如此，有学者提出，就法理逻辑而论，宪法不仅要求公共权力的行为应具有合宪性，宪法还要求公共权力的行为必须符合法律，乃至一切下位法均必须符合上位法，由此形成一个统一的、内在自治的法秩序。目前中国的合宪性审查机制在与合法性审查机制一体化的建构中成为附属性的一种机制，一般性合法性审查的前置主义恰好便于发挥阻滞、抵消或者替代合宪性审查的功能。因此，不改变相关的观念，确立以合宪性审查机制为主、并以合宪性审查吸纳和引领合法性审查的机制，是不可能有效推进合宪性审查工作的。应当以合法性审查去吸纳、涵盖和引领合宪性审查，是符合逻辑的，即这是由于宪法也是一种法，为此合宪性审查自然应该包含在合法性审查之中。③

一般来说，法律之所以具有效力，前提是它必须符合宪法，如果它与宪法相冲突，那么它必然不产生效力。一个法律具有效力的唯一理由就是它曾在宪法所规定的方式下创立。④ 一个国家要成为法治国家的首要条件就是要承认宪法的最高效力，这也是"形式意义法治国家"的前提，而要进一步实现实质

---

① 胡锦光：《论法规备案审查与合宪性审查的关系》，载《华东政法大学学报》2018 年第 4 期，第 25 页。
② 王锴：《合宪性、合法性、适当性审查的区别与联系》，载《中国法学》2019 年第 1 期，第 7 - 8 页。
③ 林来梵：《合宪性审查的宪法政策论思考》，载《法律科学》2018 年第 2 期，第 39 页。
④ [奥] 凯尔森：《法与国家的一般理论》，沈宗灵译，商务印书馆 2013 年版，第 235 页。

意义的法治国家，则必须提高国家整个法律秩序的质量，才能跟上宪法所追求的崇高目标。这也是一个动态发展的过程，只有遵循法治，我们才能建立一个法治社会主义国家。从整体上来看，合法性审查所进行的工作是非常重要的基础工作，假如地方合法性审查工作成为"短板"，那么合宪性审查就无从谈起。所以，在次序问题上，规范性文件首先经过合法性审查，通过之后再进行合宪性审查，避免违法与违宪案件相混淆，方能形成一个良性循环的运行机制。①

因此，备案审查并不能等同于合宪性审查，作为备案审查核心的地方立法备案审查应坚持合法性审查原则，它与合宪性审查既相区别又相联系。诚如学者所言，在需要对某项行为作出判断，如何选择合法性审查与合宪性审查时，应当遵循"法律适用优先""穷尽法律适用"和"回避宪法判断"原则②，即对某项行为先进行合法性审查成为合宪性审查的一项重要的"过滤"机制。③此举并不否认地方立法备案审查机关享有合宪性初步判断权或甄别权，即备案在审查中一旦发现有违宪嫌疑的情形，应立即提请全国人大宪法和法律委员会进行合宪性审查。

从另一层面也可看出我国的备案审查与合宪性审查在制度建构时是有意识地朝着分别发展方向努力。众所周知，中央层面的法规备案审查机构是在全国人大常委会法工委内设立法规备案审查室，为全国人大常委会履行备案审查职责提供服务。然而，2018年《宪法》修订后，在宪法中明确将全国人大法律委员会更名为宪法和法律委员会，更名的原因是为了加强宪法实施和监督，推进合宪性审查工作，其主要职责是推进合宪性审查、加强宪法监督。2018年10月，全国人大常委会法工委新组建宪法室，显然独立运行的宪法室承担的

---

① 段梦乔、程迈：《论合法性审查对合宪性审查的基础作用》，载《法治现代化研究》2019年第5期，第79页。
② 林来梵：《从宪法规范到规范宪法：规范宪法学的一种前言》，商务印书馆2017年版，第348页。
③ 胡锦光：《论合宪性审查的"过滤"机制》，载《中国法律评论》2018年第1期，第67-68页。

一项重要职能即是合宪性审查。此举明确表明，法规备案审查与合宪性审查性质不同，分别有不同机构实施。因此，备案审查必然是以合法性审查为基本原则，断然不可能由合法性审查（备案审查进行）去吸纳、涵盖和引领合宪性审查。

因此，应依据地方立法备案审查的层级不同而在遵循合法性审查这一基本原则时略有区别，即根据备案审查主体不同，可将地方立法备案审查分为全国人大常委会、国务院（合法性审查）备案审查和全国人大常委会（合法性审查兼顾合宪性判断）备案审查。省级地方性法规和地方政府规章多是依据法律制定，因此是以合法性审查为主；而民族自治区的自治条例和单行条例，由于是一种对法律的变通性立法，对其进行备案审查时，应在进行合法性审查时兼顾合宪性审查。

二、法制统一与尊严原则

法制统一与尊严原则，是指地方立法备案审查不得抵触甚至违反上位法乃至宪法的规定及原则，同时还应避免与同位阶立法产生冲突。

维护法制统一与尊严是依法治国的应有之义，是实行依法治国的重要前提和基础。法治意味着良法善治，透过国家权力纳入法治的轨道上来，将权力关入笼中从而保障公民基本权利与尊严。法治有别于人治的一个重要区别在于，在法治社会中法律是"国王"，即在政治、经济、社会、生活等一切领域拥有至高无上的地位与权威。因此，法治社会必须拥有一个形式科学、结构严谨、和谐统一、完善且完备的法律体系。

但是，鉴于我国特有的"一元两级多层次"立法体制[①]：即全国范围内只存在一个统一的立法体系，但是存在中央立法和地方立法两个立法权等级，而且从中央立法到地方立法都可以各自分成若干个层次和类别的立法，发挥中央和地方两个积极性也已成为处理中央和地方关系的最高原则，中央和地方立法势必予以遵循。我国具有幅员辽阔的地域，各地情况千差万别且发展状况非常不均衡，在 GDP 至上等政绩的激励机制下，通过地方立法寻租的部门主义和地方主义倾向比较严重，部门规章之间的冲突、地方性法规与法律、行政法规之间的冲突时有发生，这不仅使得国家政令不畅，还严重危及我国法制的统一与尊严。

因此，《立法法》通过多种途径与措施来维护社会主义法制统一与尊严：首先，强化立法权限与程序确保地方立法的界限。其次，通过第 87 条至第 91 条关于效力位阶的规定严格限定其适用范围。即宪法是我国的根本大法，具有最高的法律效力，一切法律、行政法规、地方性法规、自治条例和单行条例、规章都不得同宪法相抵触。法律的效力高于行政法规、地方性法规、规章。行政法规的效力高于地方性法规、规章。地方性法规的效力高于本级和下级地方政府规章。省级政府制定的规章的效力高于本行政区域内的较大的市的政府制定的规章。自治条例和单行条例依法对法律、行政法规、地方性法规作变通规定的，在本自治地方适用自治条例和单行条例的规定。经济特区法规根据授权对法律、行政法规、地方性法规作变通规定的，在本经济特区适用经济特区法规的规定。部门规章之间、部门规章与地方政府规章之间具有同等效力，在各自的权限范围内施行。最后，通过备案审查制度这种事后立法监督形式确保中央与地方立法的依据、权限、法定程序制定，地方立法不与上位法相抵触乃至违反。备案审查对于维护法制统一和尊严意义重大，正如《全国人大法律委

---

① 周旺生：《立法学》，法律出版社 2004 年版，第 149 – 150 页。

员会关于〈中华人民共和国全国人民代表大会和地方各级人民代表大会监督法（草案）〉修改情况的汇报》中所指出的："对规范性文件进行备案审查，是宪法赋予人大常委会的法律监督职权，对于维护法制统一至关重要。"① 监督法专设一章，对"规范性文件备案审查"作了规范。这是在立法法已有的立法监督规定的基础上，在新形势下为维护法制的统一与尊严，对法律监督制度的进一步完善与深化。②

维护法制的统一与尊严原则要求地方立法备案审查机关应以中央立法尤其是全国人大及其常委会制定的法律为依据，然后再以国务院制定的行政法规作为标准，最后才考虑将地方法规与部门规章作为甄别基准，即依照《立法法》第 87 条至第 91 条效力位阶的规定进行审查。若遇到被审查的地方立法文件同法律、法规规定相抵触而地方性法规本身存在合法性存疑时，此时不能机械适用《监督法》第 30 条③第 2 款"同法律、法规规定相抵触的"而直接依据有合法性嫌疑的地方性法规而做出予以撤销的决定，而应回避适用该地方性法规或将其转报给其他适格备案审查机关予以审查；更有甚者，无论法律还是法规若存在合宪性嫌疑，则应停止备案审查转而报送至全国人大宪法与法律委员会进行合宪性审查。

综上所述，地方立法备案审查必须坚持和维护法制统一与尊严，地方立法必须严格依据法定的权限和程序，其内容不得与宪法、法律、法规等上位法相抵触甚至违反上位法。同位阶的规范性文件相互之间也应协调一致，使法律、

---

① 李飞：《中华人民共和国各级人民代表大会常务委员会监督法释义》，法律出版社 2008 年版，第 99 页。
② 全国人大常委会法工委：《监督法辅导讲座》，中国民主法制出版社 2006 年版，第 132 页。
③ 第 30 条规定："县级以上地方各级人民代表大会常务委员会对下一级人民代表大会及其常务委员会作出的决议、决定和本级人民政府发布的决定、命令，经审查，认为有下列不适当的情形之一的，有权予以撤销：（一）超越法定权限，限制或者剥夺公民、法人和其他组织的合法权利，或者增加公民、法人和其他组织的义务的；（二）同法律、法规规定相抵触的；（三）有其他不适当的情形，应当予以撤销的。"

法规、规章等各种规范性文件均在统一的法律体系和谐发挥其各自应有的功效。

三、适当性原则

适当性原则,是指地方立法备案审查应确保被审查的规范性文件做出更加符合本区域实际情况且以最小代价达成其立法目的的规定。适当性原则引入备案审查中与合法性审查共存,其本质在于地方立法机关所拥有的立法裁量权的监督与控制。正如德国学者所言,区分合宪性审查与适当性审查的意义仅仅在于,后者只针对立法裁量权。①

但是,我国理论界和实务界却往往将合法性审查与适当性审查混同。有学者指出,从理论上讲,合法性审查与适当性审查之间是泾渭分明的,适当性审查都是在已经合法的前提下进行的。也就是说,规范性文件的制定者只能在合法的手段中去选择哪一个是合乎目的的。但是,从我国目前的规定来看,合法性审查与适当性审查的关系让人感到困惑。比如,从《立法法》第97条来看,改变或撤销都是针对"不适当"的立法,而《立法法》第96条列举的改变或撤销的情形中既有不适当,也有超越权限和违背法定程序,似乎"不适当"是可以包含违法的。再比如《监督法》第30条,县级以上地方各级人民代表大会常务委员会对下一级人民代表大会及其常务委员会作出的决议、决定和本级人民政府发布的决定、命令,经审查,认为有下列不适当的情形之一的,有权予以撤销:(1)超越法定权限,限制或者剥夺公民、法人和其他组织的合法权利,或者增加公民、法人和其他组织的义务的;(2)同法律、法规规

---

① 王锴:《合宪性、合法性、适当性审查的区别与联系》,载《中国法学》2019年第1期,第16页。

定相抵触的;(3) 有其他不适当的情形,应当予以撤销的。其中,(1) 和(2) 显然属于违法,但是从(3) 来看,(1) 和(2) 也属于"不适当"的情形。① 《法规、司法解释备案审查工作办法》第 39 条规定了不适当的判断标准。②

　　鉴于我国大多数备案审查进行适当性审查的主体既存在与被审查机关领导与被领导关系,两者行使同一类型的权力,不存在由于西方权力分立引发的可否审查顾虑,如地方的上一级人大常委会对下一级人大及其常委会制定的规范性文件以及国务院对省、自治区、直辖市以及设区的市政府制定的行政规范性文件的适当性审查;也存在审查主体与被审查机关之间非领导关系而是指导关系的情形,如地方人大及其常委会对本级政府制定的规范性文件的适当性审查,此时有必要区分不同的情形,借鉴美国和德国的制度针对不同领域的文件设置不同的审查强度。③

　　在法治化的分权制国家中,公共权力作为一个整体是经过有比例的科学合理配置的,界限分明,不允许国家公共权力演变成为不受制约的绝对特权。所以,比例原则往往被冠以法秩序的最根本原则,是由法治原则自身产生的最高规范。④ 因此,世界大多数国家通过立法予以规定或将比例原则引入司法审查中。但是,由于比例原则的宪法化导致了适当性审查被合宪性审查、合法性审查所吸收,似乎比例原则无适用空间。但是,《立法法》《监督法》以及各地颁布的规范性文件备案审查规定等均赋予备案审查机关对被审查规范性文件的"改变"或"撤销"的适当性审查决定。因此,有学者指出适当性审查在我国

---

　　① 王锴:《合宪性、合法性、适当性审查的区别与联系》,载《中国法学》2019 年第 1 期,第 10 页。
　　② 即明显违背社会主义核心价值观和公序良俗;对公民、法人或者其他组织的权利和义务的规定明显不合理,或者为实现立法目的所规定的手段与立法目的明显不匹配;因现实情况发生重大变化而不宜继续施行;变通明显无必要或者不可行,或者不适当地行使制定经济特区法规、自治条例、单行条例的权力;其他明显不适当的情形。
　　③ 王锴:《合宪性、合法性、适当性审查的区别与联系》,载《中国法学》2019 年第 1 期,第 21 – 22 页。
　　④ 陈新民:《德国公法学基础理论》(下),法律出版社 2001 年版,第 375 – 376 页。

仍然具有独立价值，这主要体现在指导机关所进行的适当性审查需要区分不同的审查强度上，同时，在适当性审查的方式上，领导机关可以对不适当的文件进行改变，而指导机关只能对不适当的文件进行撤销。这种审查方式的存在也是适当性审查不同于合宪性审查和合法性审查之处。①

综上所述，对地方立法备案审查时应借鉴美国、德国审查强度做法而将比例原则引入适当性判断领域，即构成妥当性原则、必要性原则以及狭义的比例原则（又称为比例性或均衡性原则）层层推进、层层深入。妥当性是第一个条件，是必要性原则和均衡性原则的基础，只有妥当才可能谈及必要与均衡，但具备必要性原则并不一定就具备了均衡性原则，同样具备均衡性原则也不一定就具备了必要性原则，妥当、均衡、必要都是必要条件，缺一不可。它们关注的侧重点是不同的，妥当性原则关注的是是否采取措施和手段的问题，必要性原则关注的是手段是否是最必需的、是否是损害最小的问题，均衡性原则关注的是投入成本与产出利益之间是否合比例、是否相称的问题。这三项子原则又是三个不同概念之间的对比关系：妥当性是手段与目的的对比关系，必要性是手段与手段的对比关系，均衡性是投入与产出的对比关系。因此，比例原则是对手段与目的、手段与手段和权力行使的预期社会效益与权利的损害之间仔细推敲、计算的公式，比例原则下的立法是一种体现得失、能科学计算的精确立法，比例原则下的司法是一种可计算可验算的精密司法。

鉴于前文所述，备案审查在性质上属于合法性审查，仅能进行合宪性初步判断而非合宪性审查，因此备案审查无法构建起学者所谓的"先合法性审查、再合宪性审查、最后适当性审查"的阶层性审查次序。② 因此，对于合法性审查、法制统一与尊严以及适当性审查相互关联与审查次序上，应遵循由表及

---

① 王锴：《合宪性、合法性、适当性审查的区别与联系》，载《中国法学》2019 年第 1 期，第 22 - 23 页。

② 王锴：《合宪性、合法性、适当性审查的区别与联系》，载《中国法学》2019 年第 1 期，第 23 - 24 页。

里、由浅入深的原则,即合法性审查优先,然后进行法制统一与尊严的审查,最后方能展开适当性审查,这意味着即使规范性文件已经通过了合法性审查和法制统一与尊严审查,仍然可能在适当性审查阶段被改变或撤销。因此,适当性审查并非备案审查所应遵循的基本原则,它是对合法性和法制统一与尊严这两个基本审查原则的补充或辅助。

第四节 地方立法备案审查的标准

根据《立法法》《监督法》《法规、司法解释备案审查工作办法》《法规规章备案条例》以及地方性备案审查相关立法的规定,对于规范性文件的备案审查标准因种类不同也有所不同。根据《立法法》第96条的规定,规范性文件有下列情形之一的,有关机关有权予以改变或者撤销:(1)超越权限;(2)下位法违反上位法规定的;(3)规章之间对同一事项的规定不一致,经裁决应当改变或者撤销一方的规定的;(4)规章的规定被认为不适当,应当予以改变或者撤销的;(5)违背法定程序的。《法规规章备案条例》第10条的规定与之相一致,而《监督法》第30条却规定,规范性文件有下列情形之一的,有关机关有权予以撤销:(1)超越法定权限,限制或者剥夺公民、法人和其他组织的合法权利,或者增加公民、法人和其他组织的义务的;(2)同法律、法规规定相抵触的;(3)有其他不适当的情形,应当予以撤销的。《法规、司法解释备案审查工作办法》第38条规定,对法规、司法解释进行审查研究,发现法规、司法解释违背法律规定,有下列情形之一的,应当提出意见:(1)违反《立法法》第8条,对只能制定法律的事项作出规定;(2)超越权限,违法设定公民、法人和其他组织的权利与义务,或者违法设定国家机关的权力与责任；（3）违法设定行政许可、行政处罚、行政强制，或者对法律设定的行政许可、行政处罚、行政强制违法作出调整和改变；（4）与法律规定明显不一致，或者与法律的立法目的、原则明显相违背，旨在抵消、改变或者规避法律规定；（5）违反授权决定，超出授权范围；（6）对依法不能变通的事项作出变通，或者变通规定违背法律的基本原则；（7）违背法定程序；（8）其他违背法律规定的情形。对此，可概括为合法性审查标准和适当性（或合理性）审查标准、合法性标准由违反上位法（违法）审查基准和抵触审查基准构成。

一、违反上位法（违法）审查基准

违反上位法主要是指，违反立法（或规范创制）主体资格的规定，违反对立法（或规范创制）权力限度的规定（即所享有权力的范围、幅度与种类），违反立法（或规范创制）程序规定（即必须符合之方式、步骤、顺序与时限）。

首先，任何规范合法有限的前提即是由依法成立的规范创制主体制定。通常，不具有制定规范性文件的主体，无权制定规范性文件。只有获得授权，原不具有规范性文件制定权的主体方可依法制定相应的规范性文件。授权立法必须符合《立法法》的规定，即授权决定应当明确授权的目的、事项、范围、期限以及被授权机关实施授权决定应当遵循的原则等。授权的期限不得超过5年，但是授权决定另有规定的除外。被授权机关应当在授权期限届满的6个月以前，向授权机关报告授权决定实施的情况，并提出是否需要制定有关法律的意见；需要继续授权的，可以提出相关意见，由全国人民代表大会及其常务委员会决定。① 授权立法事项，经过实践检验，制定法律的条件成熟时，由全国人民代表大会及其常务委员会及时制定法律。法律制定后，相应立法事项的授权终止。② 被授权机关应当严格按照授权决定行使被授予的权力，被授权机关不得将被授予的权力转授给其他机关。③

其次，对于立法权限的审查基准须满足法律保留原则和符合单行法的禁止规定，即是否"超越法定权限，限制或者剥夺公民、法人和其他组织的合法权利，或者增加公民、法人和其他组织的义务"。《立法法》第8条规定："下列事项只能制定法律：（一）国家主权的事项；（二）各级人民代表大会、人民政府、人民法院和人民检察院的产生、组织和职权；（三）民族区域自治制度、特别行政区制度、基层群众自治制度；（四）犯罪和刑罚；（五）对公民政治权利的剥夺、限制人身自由的强制措施和处罚；（六）税种的设立、税率的确定和税收征收管理等税收基本制度；（七）对非国有财产的征收、征用；（八）民事基本制度；（九）基本经济制度以及财政、海关、金融和外贸的基本制度；（十）诉讼和仲裁制度；（十一）必须由全国人民代表大会及其常务委员会制定法律的其他事项。"《行政处罚法》第10条第1款规定："法律可以设定各种行政处罚。限制人身自由的行政处罚，只能由法律设定。"《行政许可法》第14条第1款中规定："本法第十二条所列事项，法律可以设定行政许可。"此即法律保留原则的具体规定，若规范创制主体违法则构成违反上位法。

此外，各单行法对规范创制主体的具体规定，规范创制主体也必须遵守，

---

① 见《立法法》第10条。
② 见《立法法》第11条。
③ 见《立法法》第12条。

否则同样构成违反上位法。如《行政处罚法》第 9~14 条的罗列规定[①]与第 16 条的禁止规定（除法律、法规、规章外，其他规范性文件不得设定行政处罚），《行政许可法》第 14~16 条的罗列规定[②]与第 17 条的禁止规定（除该法第 14 条、第 15 条规定的外，其他规范性文件一律不得设定行政许可）。

最后，对于规范性文件制定程序的审查可以从以下四个方面着手：[③] 规范的创制是否跨越主要的步骤；规范的创制是否颠倒了主要顺序；规范创制的形

[①] 《行政处罚法》第 11 条规定："行政法规可以设定除限制人身自由以外的行政处罚。法律对违法行为已经作出行政处罚规定，行政法规需要作出具体规定的，必须在法律规定的给予行政处罚的行为、种类和幅度的范围内规定。法律对违法行为未作出行政处罚规定，行政法规为实施法律，可以补充设定行政处罚。拟补充设定行政处罚的，应当通过听证会、论证会等形式广泛听取意见，并向制定机关作出书面说明。行政法规报送备案时，应当说明补充设定行政处罚的情况。"第 12 条第 1 款、第 2 款规定："地方性法规可以设定除限制人身自由、吊销营业执照以外的行政处罚。法律、行政法规对违法行为已经作出行政处罚规定，地方性法规需要作出具体规定的，必须在法律、行政法规规定的给予行政处罚的行为、种类和幅度的范围内作出具体规定。"第 13 条规定："国务院部门规章可以在法律、行政法规规定的给予行政处罚的行为、种类和幅度的范围内作出具体规定。尚未制定法律、行政法规的，国务院部门规章对违反行政管理秩序的行为，可以设定警告或者一定数额罚款的行政处罚。罚款的限额由国务院规定。"第 14 条规定："地方政府规章可以在法律、法规规定的给予行政处罚的行为、种类和幅度的范围内作出具体规定。尚未制定法律、法规的，地方政府规章对违反行政管理秩序的行为，可以设定警告、通报批评或者一定数额罚款的行政处罚。罚款的限额由省、自治区、直辖市人民代表大会常务委员会规定。"

[②] 第 14 条规定："本法第十二条所列事项，法律可以设定行政许可。尚未制定法律的，行政法规可以设定行政许可。必要时，国务院可以采用发布决定的方式设定行政许可。实施后，除临时性行政许可事项外，国务院应当及时提请全国人民代表大会及其常务委员会制定法律，或者自行制定行政法规。"第 15 条规定："本法第十二条所列事项，尚未制定法律、行政法规的，地方性法规可以设定行政许可；尚未制定法律、行政法规和地方性法规的，因行政管理的需要，确需立即实施行政许可的，省、自治区、直辖市人民政府规章可以设定临时性的行政许可。临时性的行政许可实施满一年需要继续实施的，应当提请本级人民代表大会及其常务委员会制定地方性法规。地方性法规和省、自治区、直辖市人民政府规章，不得设定应当由国家统一确定的公民、法人或者其他组织的资格、资质的行政许可；不得设定企业或者其他组织的设立登记及其前置性行政许可。其设定的行政许可，不得限制其他地区的个人或者企业到本地区从事生产经营和提供服务，不得限制其他地区的商品进入本地区市场。"第 16 条规定："行政法规可以在法律设定的行政许可事项范围内，对实施该行政许可作出具体规定。地方性法规可以在法律、行政法规设定的行政许可事项范围内，对实施该行政许可作出具体规定。规章可以在上位法设定的行政许可事项范围内，对实施该行政许可作出具体规定。法规、规章对实施上位法设定的行政许可作出的具体规定，不得增设行政许可；对行政许可条件作出的具体规定，不得增设违反上位法的其他条件。"

[③] 陈运生：《地方人大常委会的规范审查制度研究》，中国政法大学出版社 2013 年版，第 228 页。

式是否变动了法定形式，因此造成形式上不符合法律的要求；规范创制主体是否超越了法定期限行使职权。需注意的是，创制程序的违法程度决定了规范是否被备案审查主体改变或撤销，如果创制程序仅存在极其轻微的违法或瑕疵，那么从法的安定性而言，只要其他方面不存在违法或不当情节，应确认被审查的规范性文件合法有效。

此外，需注意的是备案审查制度存在备案主体无法律解释权却径行进行合法性审查的悖论。正如有学者指出，备案审查主体判断是否"违反上位法"即意味着它能够对"上位法"的内容、原则以及立法原意等进行有效的诠释，即备案审查主体必须具备对"上位法"进行解释的权力。[①] 然而，根据宪法规定，只有全国人大常委会才享有对宪法和法律的解释权，国务院只能审查它是否同行政法规相抵触而不能审查其是否违反了宪法和法律，省、自治区、直辖市级人大常委会也只有权审查其是否与地方性法规、自治条例相抵触，而无权对其所审查的规范性文件是否违反宪法、法律等上位法做出判断。而立法法并未赋予备案审查主体对法律的解释权，因而造成备案审查所遵循的合法性判断原则于法理龃龉。因此，赋予备案审查主体相应的法律解释权势在必行，只是其解释不得与全国人大常委会做出的法律解释相冲突。

二、抵触审查基准

学界关于抵触大致有以下几种理解：[②] 第一，地方性法规不得与宪法、法律、行政法规已有的明文规定相抵触，不能有与之相抵触的矛盾、相反的规

[①] 王锴：《我国备案审查制度的若干缺陷及其完善——兼与法国的事先审查制相比较》，载《政法论丛》2006年第2期，第40页。

[②] 王锡财：《地方立法要正确理解不抵触原则》，载《中国人大》2005年第5期。

定；如果有这样的矛盾或相反的规定，就构成"抵触"。① 第二，不超过宪法、法律规定的范围，即为"不抵触"。但是，对于超出的是内容还是事项仍有争议。另外一种客观的说法是以是否"超出"为内容作了划分，认为下一效力等级的法规作出了与上一效力等级的法规的规定明确不同的规定即为抵触；法律实施细则的规定，超出法律规定去创设新的权利义务关系，即为抵触。但如果实施细则超出法律规定的内容，却只是对法律的规定作进一步的细化、具体化，就不构成抵触。② 第三，除了不能与法律、行政法规明文规定冲突、矛盾、相反外，还不能与法律的精神相抵触。③ 第四，必须以法律作为依据，否则就是抵触。第五，法律保留的其他事项，在法律空白下，只要不与宪法、法律基本原则相抵触即可先于宪法法律制定法规。

有学者指出，"抵触"本身的语义具有多重性：既有"矛盾""冲突"的含义，也有"不一致"的含义。但是，法与法之间的"不一致"不是指语言文字表达上的不一致，而是指文字所表达的规范内容上的不一致。而且，我国的立法法允许横向法规间不一致，但不允许纵向法规间，即下位法与上位法不一致。④ 也就是说，抵触通常指上下位法规定间存在的差异，而不一致仅发生在横向或同位阶法之间。因此，《立法法》第96条第3项规定："规章之间对同一事项的规定不一致，经裁决应当改变或者撤销一方的规定。"

不仅如此，违法也与抵触存在本质的区别。违法是指下位法规定不符合上位法规定，达不到高阶法规定的要求，不具备上位法规定的立法性条件。而抵触是指在并未明确要求下位法细化规定与上位法保持一致情形下，下位法虽然符合上位法且具有初步法律效力，但是在法律适用层面因存在具体规定之间的

---

① 孙波：《地方立法"不抵触"原则探析——兼论日本"法律先占"理论》，载《政治与法律》2013年第6期，第123页。
② 李林：《走向宪政的立法》，法律出版社2003年版，第221页。
③ 周旺生：《立法学》，法律出版社2000年版，第379页。
④ 胡建淼：《法律规范之间抵触标准研究》，载《中国法学》2016年第3期，第7页。

竞合导致该上位法与下位法的规定无法共同实现。在构成法的抵触情形的法规定中，被抵触的法规定无须像高阶法规定那样对抵触它的法规范有所要求。如果高阶法对抵触其规定做出了具体明确的规定或要求，此时即应定性为违法而非抵触。① 违法与抵触的法律效果也不同：被审查的规范性文件一旦被判定违法则视为自始不具有法律效力，由备案审查机关予以撤销；而在被认定与其他法规定相抵触并且被有权机关消除之前，该规定一直都是合法有效的规定。同时考虑到抵触情形显现于抽象或具体的个案中，其解除结果通常影响既定个人或组织的权益。为了维护法的安定性、保护当事方的信赖利益，相抵触的法规定中被消除一方的法效力不应当自始无效，而应当嗣后无效。②

有学者指出，应从法律关系的层面来探讨法律抵触的有关情形：③ 第一，在授权立法关系中，被授权法规范只要不违反授权目的，不超越授权范围，具体内容与上位法不一致的，也不属于抵触；相反，便属于被授权法与上位法的抵触。第二，在变通立法关系中，变通后的规范虽然与被变通法规范不一致，只要内容符合《立法法》第75条规定，并经过批准备案等法定程序，就不属于抵触，相反就属于抵触。第三，在设定与规定关系中，只要规定内容超越设定内容的主体、行为、对象范围和幅度的，都属于抵触。第四，在法律保留关系中，只要法律以下的法规和规章对"法律保留事项"作出创制性规定的，就属于法律抵触。第五，在可容性规范与排他性规范中，上位法属于可容性规范的，下位法作扩充性规定的，不属于抵触；上位法属于排他性规范的，下位法作扩充性规定的，属于抵触。

也有学者按照与中央立法的差距从小到大的顺序，将地方立法分为对中央立法进行具体化的地方立法、创设性地方立法、明显与中央立法相冲突的地方

---

① 袁勇：《法的违反情形与抵触情形之界分》，载《法制与社会发展》2017年第3期，第142－143页。
② 袁勇：《法的违反情形与抵触情形之界分》，载《法制与社会发展》2017年第3期，第143页。
③ 胡建淼：《法律规范之间抵触标准研究》，载《中国法学》2016年第3期，第22－23页。

立法:① （1）对于具体化地方立法是否与中央立法相抵触情形而言，地方立法增加了很多细化的规定，因而不同于中央立法。中央立法者的目的是使有关立法在现实中得到施行，而地方立法对中央立法进行的具体化恰恰有助于中央立法的贯彻，因而内在地吻合中央立法者的意图。一些中央立法甚至明确规定地方应当制定地方性法规来调整相关事项，即要求地方进行执行性立法。即使在中央立法没有明确规定由地方立法予以具体化的情况下，也应当推定立法者是默许、不反对地方立法者制定执行性立法的。② （2）对于创设性地方立法是否与中央立法相抵触，创设性地方立法在中央立法规定之外规定了额外法律后果。依据中央立法意图，判断创设性立法是否与中央立法相抵触，应当分三个步骤进行：首先，明确地方立法对同一事实作出了何种超出中央立法的规定；其次，通过解释，明确相关中央立法的整体性和具体条款的立法目的，特别要明确有关目的是只涉及一个法益，还是在具有内在张力的不同法益之间作出一个平衡；最后，判断有关地方立法是否妨碍中央立法目的的实现。③ （3）在与中央立法存在明显矛盾的地方立法与中央立法相抵触时，判断明显抵触的标准，应当是有关主体能否同时遵守中央立法和地方立法。如果遵守地方立法的行为必然违犯中央立法，或者相反，则抵触的存在是毫无疑问的。首先，如果中央立法和地方立法规定了不同的义务，而公民无法同时履行这些义务，则存在抵触。其次，地方立法规定的义务与中央立法规定的权利相矛盾的情况下（即公民遵守中央立法而行使权利时，将违反地方立法设定的义务），构成抵触。最后，如果地方立法规定的权利与中央立法规定的义务相矛盾（即公民行使地方立法规定的权利，将违反中央立法所设定的义务），也构成抵触。当

---

① 谢立斌：《地方立法与中央立法相抵触情形的认定》，载《中州学刊》2012 年第 3 期，第 94 – 96 页。

② 谢立斌：《地方立法与中央立法相抵触情形的认定》，载《中州学刊》2012 年第 3 期，第 94 – 95 页。

③ 谢立斌：《地方立法与中央立法相抵触情形的认定》，载《中州学刊》2012 年第 3 期，第 95 页。

然，理论上讲，有可能中央立法和地方立法对公民规定了不同的权利，由于权利之间不可能相互矛盾，所以这种情况下不会发生抵触。①

也就是说，在判断地方立法是否与中央立法相抵触时，按照二者之间的差异从无到有、从小到大的顺序，可以区分三种不同情形：首先，地方立法完全与中央立法重复的，两者不发生抵触；其次，地方立法为了追求中央立法的目的实现，在中央立法设定的框架内对中央立法具体化的，不与中央立法抵触；最后，创设性地方立法对同一事实或行为规定了与中央立法不同的法律后果的，其是否与中央立法抵触取决于其是否服务于中央立法所体现的立法意图，如果能够促进实现中央立法所追求的目的，则不构成抵触；如果阻碍了中央立法意图的实现，则构成抵触；行为人遵守中央立法而履行义务或行使权利，从而违反地方立法所规定义务的，有关地方立法与中央立法构成抵触。②

三、适当性审查基准

通常，所谓的"适当性也就是合理性，即要符合客观规律"。③ 有时，人们也将适当性原则等同于比例原则。然而比例原则是调整国家权力和公民个人权利之间关系应坚持的一项基本准则，泛指国家权力行使要妥当、必要、均衡、不过度、符合比例，在合法的前提下，先考虑手段的有效性，再选择对公民权益侵害最小的手段来达成目的。适当性原则又被称为"最小侵害原则""禁止过度原则""平衡原则"等，已经成为现代法治社会普遍性且具有根本性的指导原则。比例原则的核心是针对自由裁量权，而适当性原则的范围远远

---

① 谢立斌：《地方立法与中央立法相抵触情形的认定》，载《中州学刊》2012年第3期，第95页。
② 谢立斌：《地方立法与中央立法相抵触情形的认定》，载《中州学刊》2012年第3期，第96页。
③ 乔晓阳：《〈中华人民共和国立法〉导读与释义》，中国民主法制出版社2015年版，第297页。

超过自由裁量权的内涵，比例原则被吸纳于适当性原则之中。

对于"不适当"的含义，理论界和实务界目前存在两种不同的认知。① 一种意见认为，"不适当"包括：要求公民、法人和其他组织执行的标准或遵守的措施明显脱离实际的；要求公民、法人和其他组织履行的义务与其所享有的权利明显不平衡的；赋予国家权力机关的权力与要求其承担的义务明显不平衡的；对某种行为的处罚与该行为所应承担的责任明显不平衡，违反比例原则的。② 这一观点通过具体列举方式解释"不适当"所包括的具体情形。另一种意见认为，"不适当"是指："既包括违法的不适当，也包括违法以外的不适当，也就是说，也包括不合理的情形……所谓不适当，除越权和违法外，一般是指明显不恰当、不合理、不公平。"③ 该观点将"不适当"情形作了扩大化解释，实质上包含违法性、适当性、合理性在内的审查标准。

在备案审查中如何判断是否适当，全国人大常委会法制工作委员会备案审查室依据其经验提出了具体的标准：④ （1）是否贯彻落实科学发展观，制定的措施与当地经济社会发展水平是否相适应，是否存在过度超前或者严重滞后等情形。（2）是否将维护最广大人民群众的根本利益作为制定规范性文件的出发点和落脚点，是否体现权利与义务统一的原则，是否在要求公民、法人和其他组织履行义务时，同时也规定了相应的权利和保障其权利实现的途径。（3）是否体现改革开放的精神，是否有利于进一步深化行政管理体制改革，是否按照精简、统一、效能的原则，科学规范行政行为，简化行政管理手续，促进政府职

---

① 谢维雁：《关于行政规范性文件立法备案审查的几个问题》，载《四川师范大学学报（社会科学版）》2018年第1期，第74页。
② 全国人大常委会法制工作委员会：《中华人民共和国立法法释义》，法律出版社2015年版，第303页。
③ 本书编写组：《规范性文件备案审查制度理论与实务》，中国民主法制出版社2011年版，第120页。
④ 本书编写组：《规范性文件备案审查制度理论与实务》，中国民主法制出版社2011年版，第98页。

能转变。(4)是否符合社会公认的价值标准,是否客观、适度符合公平正义等法律理性,是否违反了形式公正亦即平等对待原则,是否违反了实质意义上的公正,表现为行政行为的结果明显地不公正,不符合常理,甚至达到荒谬的程度。(5)自由裁量权的行使符合公正、合理、客观、适度的一般要求,包括:相似的情形给予相似的处理;相关因素应当考虑,不相关因素不予考虑;对具体问题的规定符合客观情势;采取行政措施不超过必要的限度;符合信赖保护原则等。(6)是否符合当时当地的客观实际,是否符合本行政区域的具体情况和实际需要。(7)是否与其他相同层级的规范性文件彼此协调、相互衔接,是否有地方保护和行业保护的相关规定。(8)是否符合比例原则,即最小侵害原则或者禁止过度原则,采取行政措施不超过必要的限度等。[①]《法规、司法解释备案审查工作办法》第39条规定了5种不适当的情形:(1)明显违背社会主义核心价值观和公序良俗;(2)对公民、法人或者其他组织的权利和义务的规定明显不合理,或者为实现立法目的所规定的手段与立法目的明显不匹配;(3)因现实情况发生重大变化而不宜继续施行;(4)变通明显无必要或者不可行,或者不适当地行使制定经济特区法规、自治条例、单行条例的权力;(5)其他明显不适当的情形。有学者还提出补充标准,即适当性审查标准需要更多地转向"程序方面的控制",包括建立审查公开及说明理由制度、听证制度等。[②]

但是,"不适当立法"不适当到何种程度才需要改变或者撤销,改变或者撤销的程序如何?有学者指出,根据凯尔森提出的立法形成自由裁量理论,上位规范(宪法、法律)授予了下位规范(法规、规章、自治条例和单行条例等)立法形成空间,下位法没有超出立法形成空间,就不应被直接排除在法

[①] 本书编写组:《规范性文件备案审查制度理论与实务》,中国民主法制出版社2011年版,第98页。

[②] 姜明安:《法规审查与法规评价研究》,北京大学出版社2014年版,第80页。

律体系之外。与宪法、法律相违反或抵触的立法必须予以撤销，这是维护备案审查"法制统一"的必然。然而对于不与宪法、法律相违反或抵触的"不适当"立法，并未"法制统一"，有权撤销的机关应该有更大的裁量权。如果仅为轻微的不适当，而且改变或者撤销会破坏法制的安定性，有权改变或者撤销的机关就可通过利益衡量，决定是否改变或者撤销"不适当"的立法。[①]

本章小结

总之，鉴于地方立法备案审查本质上属于合法性审查，在某种意义上它充当着一种合宪性审查过滤机制，以维护国家法秩序的内在统一。因此，地方立法备案审查应秉持合法性、法制统一与尊严和适当性等原则，虽然备案审查主体享有合宪性甄别或初步识别权，但合宪性并非其坚持的原则。地方立法以被动审查为主要方式，辅之以主动审查和专项审查等多种方式，遵循"先合法性审查、再合宪性甄别过滤、最后适当性审查"的阶层性审查次序。由此地方立法备案基准也对应地"渐次经由违反上位法（违法）审查而后抵触审查、再合宪性甄别过滤、最后适当性审查"构成。备案审查顺序根据被审对象的特点、审查内容的特性及其在法律逻辑与法律论证中的层次，规范性文件合法性审查的逻辑顺序应当是：先整体审查后部分审查，先规范有效性审查后规范兼容性审查，先抽象的形式审查后具体的实质审查。只有按此顺序审查才有可能做到审查工作不重复、审查内容无遗漏。[②]

[①] 刘连泰：《中国合宪性审查的宪法文本实现》，载《中国社会科学》2019年第5期，第118－119页。

[②] 袁勇：《规范性文件合法性审查的逻辑顺序》，载《河南师范大学学报（哲学社会科学版）》2019年第1期，第41－46页。

第六章　地方立法备案审查的程序、结果与效力

地方立法备案审查由于其前述双重乃至多重属性，其程序也因审查主体的性质不同而有较大区别。为了发挥地方立法的积极性和创造性，地方立法备案在审查结果上也有所创新。

第一节　地方立法备案审查的程序

备案审查制度的设置功能与目的是维护社会主义法制的统一性。党的十八届四中全会明确要求"完善全国人大及其常委会宪法监督制度""加强备案审查制度和能力建设，把所有规范性文件纳入备案审查范围"。完善和落实备案审查制度的形式前提就是明确备案审查的程序，备案审查工作若没有一套具体可行的程序化标准，将导致整个流程的低效率，也不利于相关部门间的整体配合。

我国当前的备案审查制度，是将"备案"和"审查"进行的有限结合，

"备案属于知情权的范畴,审查是建立在知情权基础之上的审议权"①,两者并不存在先后的必然顺序。因此,备案程序与审查程序是相互独立又密切联系的,备案的目的在于使全国人大及时掌握各主体以及各地方的立法情况,为下一步的审查工作奠定基础。《监督法》第28条中的"备案、审查和撤销"也说明备案与审查并非是一体构造,而是相互分离,备案是备案,审查是审查。因此,在工作程序上应当将备案和审查分开表述。另外,立法法规定了全国人民代表大会常务委员会接受备案和进行审查的主要程序,并在第102条规定:"其他接受备案的机关对报送备案的地方性法规、自治条例和单行条例、规章的审查程序,按照维护法制统一的原则,由接受备案的机关规定。"据此,下面将分为中央和地方两个层面分别阐述备案审查的程序规定情况。

一、中央层面的备案审查程序

中央层面接受备案的主体为全国人民代表大会常务委员会,关于其接受备案的程序主要规定在《立法法》《监督法》《行政法规制定程序条例》《行政法规、地方性法规、自治条例和单行条例、经济特区法规备案审查工作程序》(以下简称《法规备案审查工作程序》)、《法规、司法解释备案审查工作办法》等法律文件中,具体包括以下内容。

1. 备案程序

(1) 备案时限

设定备案时限是为了在法律文件正式生效前还有机会对可能存在的违法不

---

① 张春生:《中华人民共和国立法法释义》,法律出版社2000年版,第256页。

当规定进行纠正。《立法法》第98条规定，行政法规、地方性法规、自治条例和单行条例、规章应当在公布后的30日内依照规定报有关机关备案。《法规、司法解释备案审查工作办法》第9条规定，法规、司法解释应当自公布之日起30日内报送全国人大常委会备案。其他法律均对此做了相同的规定。目前许多观点认为此备案期限过长，有可能会影响实现纠正错误的目的。如果报备单位在临近30日才将文件报送备案，备案审查机关很可能来不及审查。如果该法律文件有违法、不当内容，就可能因没有及时进行备案审查而侵害行政相对人的合法权益。而且，若是在侵害相对人的合法权益结果发生后再对法律文件进行审查纠正，备案审查对公平正义的维护功效将大打折扣。

（2）报送与接收

报送程序主要规定在《法规备案审查工作程序》《法规规章备案条例》和《法规、司法解释备案审查工作办法》中。首先，全国人民代表大会常务委员会接受备案时，行政法规由国务院办公厅负责报送；地方性法规，自治州、自治县制定的自治条例和单行条例，由各省、自治区、直辖市人大常委会办公厅负责报送；经济特区根据授权制定的法规由制定机关办公厅（室）负责报送。其次，法规备案内容包括：备案报告、国务院令或公告、有关修改、废止或批准的决定、法规文本、说明及审议结果报告等有关文件，装订成册，一式十份（《法规、司法解释备案审查工作办法》要求一式五份）。《法规、司法解释备案审查工作办法》还要求，报送备案时，应当一并报送备案文件的纸质文本和电子文本。报送备案的法规由全国人大常委会办公厅秘书局负责接收、登记、存档。全国人大常委会办公厅秘书局按照全国人大各专门委员会的职责分工，将报送备案的法规分送有关的专门委员会。

（3）移送

根据《法规、司法解释备案审查工作办法》，对不属于全国人大常委会备案审查范围的规范性文件提出的审查建议，法制工作委员会可以按照下列情况移送其他有关机关处理,并在移送上述审查建议时,可以向有关机关提出研究处理的意见建议:①对党组织制定的党内法规和规范性文件提出的审查建议,移送中央办公厅法规局;②对国务院各部门制定的规章和其他规范性文件提出的审查建议,移送司法部;对地方政府制定的规章和其他规范性文件提出的审查建议,移送制定机关所在地的省级人大常委会,并可同时移送司法部;③对军事规章和军事规范性文件提出的审查建议,移送中央军委办公厅法制局;④对地方监察委员会制定的规范性文件提出的审查建议,移送制定机关所在地的省级人大常委会,并可同时移送国家监察委员会;⑤对地方人民法院、人民检察院制定的属于审判、检察工作范围的规范性文件提出的审查建议,移送制定机关所在地的省级人大常委会,并可同时移送最高人民法院、最高人民检察院。

2. 审查程序

备案审查方式分为主动审查和被动审查。主动审查是指由人大常委会有关工作机构主动对报送备案的规范性文件进行审查,而被动审查是指人大常委会依国家机关、社会团体、企业事业组织以及公民提出的审查意见或者审查建议,对报送备案的规范性文件进行审查。

(1) 主动审查程序

立法法规定,有关的专门委员会和常务委员会工作机构可以对报送备案的规范性文件进行主动审查。根据《法规备案审查工作程序》第 10 条,具体审查程序包括:①初步审查。经专门委员会会议审查,认为法规同宪法或者法律不抵触的,专门委员会应当书面告知常委会办公厅;认为法规同宪法或者法律相抵触的,专门委员会应向制定机关提出书面审查意见。由两个或者两个以上专门委员会共同进行审查的,有关的专门委员会经交换意见,认为法规不同宪法或者法律相抵触的,可以共同或者分别书面告知常委会办公厅;认为法规同宪法或者法律相抵触的，应共同向制定机关提出书面审查意见。②联合审查。有关的专门委员会认为有必要和法律委员会召开联合审查会议的，由常委会办公厅报经秘书长同意后，由法律委员会和有关的专门委员会召开联合审查会议，要求制定机关到会说明情况，再向制定机关提出书面审查意见。专门委员会向制定机关提出的书面审查意见应抄送常委会办公厅。③审查时限。关于审查的时限，《立法法》和《法规备案审查工作程序》均无规定，这与中央层面的法规权威性较强和影响较大有关。此外，《立法法》规定了事前审查的一种方式即批准，第72条规定：省、自治区的人民代表大会常务委员会对报请批准的地方性法规，应当对其合法性进行审查，同宪法、法律、行政法规和本省、自治区的地方性法规不抵触的，应当在4个月内予以批准。④制定机关自行纠正。制定机关应当在两个月内研究提出是否修改的意见，并向全国人民代表大会法律委员会和有关的专门委员会或者常务委员会工作机构反馈，之后由接收反馈意见的专门委员会将原件一式三份送常委会办公厅。全国人民代表大会法律委员会、有关的专门委员会、常务委员会工作机构向制定机关提出审查意见、研究意见，制定机关按照所提意见对行政法规、地方性法规、自治条例和单行条例进行修改或者废止的，审查终止。⑤提出撤销议案。全国人民代表大会法律委员会、有关的专门委员会、常务委员会工作机构经审查、研究认为行政法规、地方性法规、自治条例和单行条例同宪法或者法律相抵触而制定机关不予修改的，应当向委员长会议提出予以撤销的议案、建议。⑥常务委员会会议审议决定。撤销的议案、建议由委员长会议决定提请常务委员会会议审议决定。

（2）被动审查程序

根据《立法法》第99条的规定，被动审查有两种提起方式，即提出审查要求和提出审查建议。

① 审查主体。提出审查要求的主体为国务院、中央军事委员会、最高人

民法院、最高人民检察院和各省、自治区、直辖市的人民代表大会常务委员会，上述"五大主体"认为行政法规、地方性法规、自治条例和单行条例同宪法或者法律相抵触的，可以向全国人民代表大会常务委员会书面提出进行审查的要求，由常务委员会工作机构分送有关的专门委员会进行审查、提出意见。提出审查要求的主体为其他国家机关和社会团体、企业事业组织以及公民，认为行政法规、地方性法规、自治条例和单行条例同宪法或者法律相抵触的，可以向全国人民代表大会常务委员会书面提出进行审查的建议，由常务委员会工作机构进行研究，必要时送有关的专门委员会进行审查、提出意见。前后两者的区别是，对于审查建议只有在"必要时"才进行审查。

② 审查时限。专门委员会及常委会工作机构收到涉及法规审查建议的信函后，应及时转交常委会办公厅秘书局办理。专门委员会一般应在收到秘书长批转的审查要求或者审查建议的3个月内，提出书面审查意见。

③ 审查反馈。《立法法》修订明确增设了法规备案审查制度的反馈要求。全国人民代表大会有关的专门委员会和常务委员会工作机构应当按照规定要求，将审查、研究情况向提出审查建议的国家机关、社会团体、企业事业组织以及公民反馈，并可以向社会公开。具体由常委会办公厅负责将审查结果书面告知提出审查要求和审查建议的单位或个人。

《立法法》增设了被动审查的时限和反馈要求后，具有很大的进步意义，有利于减少"审而不决"的局面，约束备案审查主体，完善备案审查机制，增加公众提请审查建议的积极性；但是反馈方式、反馈时间等具体反馈机制仍需进一步完善和细化。比如对"必要时"应予以具体化，如果以不符合"必要时"将审查建议挡在审查的大门外，必将大大折损被动审查存在的意义，但另一方面还需要考虑审查资源的有限性以及审查建议权被滥用的可能性，应当通过"必要时"来设置一定的审查建议门槛，因而对于"必要时"作何理解，有待界定和细化。再如对于审查建议的回复机制规定不够完善；关于审查结果告知的规定过于原则性，既没有具体时限的规定，即作出决定后多长时间内告知，也无告知具体内容的规定，即告知内容除审查结果之外是否包括理由说明。

二、地方层面的备案审查程序

1. 备案程序

（1）备案时限

与中央层面对法规的备案"自公布之日起 30 日内"不同，地方层面的备案时限规定大致分为两类：一类是与 30 日内报备要求保持一致，此类方式为大多数地方采用；另一类则是规定了 5 日、10 日、15 日和 20 日四种不同期限，其中以规定 15 日者居多。

为了便于地方立法备案审查机关全面掌握规范性文件变动情况，及时发现存在的问题，督促制定机关履行报备义务，同时为审查规范性文件打下基础，湖北、四川、重庆等地规定了目录备案登记制度。如《湖北省各级人民代表大会常务委员会规范性文件备案审查工作条例》第 41 条规定："制定机关应当于每年一月底前将其上一年度制定、修改和废止的规范性文件目录，于每年第一季度将其本年度规范性文件制定计划报送接受备案的机关。县级以上人民代表大会常务委员会应当建立健全规范性文件备案情况核查通报制度。县级以上人民代表大会常务委员会规范性文件备案审查工作应当纳入年度法治建设绩效考核内容。"

及时报备是进行有效审查的前提条件，因此需要构建督促报备制度。江苏、湖北等地规定：对于不按照规定报送规范性文件的，责令其限期报送。逾期仍然不报送的，通报批评或责令作出书面检查。

（2）报送

对于报送主体，《法规规章备案条例》第 3 条中规定，地方性法规、自治州和自治县的自治条例和单行条例由省、自治区、直辖市的人民代表大会常务委员会报国务院备案；部门规章由国务院部门报国务院备案，两个或者两个以上部门联合制定的规章，由主办的部门报国务院备案；省、自治区、直辖市人民政府规章由省、自治区、直辖市人民政府报国务院备案；较大的市的人民政府规章由较大的市的人民政府报国务院备案，同时报省、自治区人民政府备案；经济特区法规由经济特区所在地的省、市的人民代表大会常务委员会报国务院备案。总之，由法规规章的制定机关报送相关机关备案。

各省对具体报送材料的要求不明。很多省份未明确规定报送材料包括哪些内容，这在实践中给制定机关造成了困扰，降低了备案效率，从而影响了审查效果。除湖南省外，各省都规定规范性文件本身以及指定文件的报告是必不可少的内容。大部分省份（除河南、广西、北京外）规定需提供行政规范性文件在制定起草过程中的说明。除此之外，各省还规定了各具特色的一些事项。内蒙古、海南等需要提交行政规范性文件的制定依据；陕西、上海等要求制定机关提交报送材料前，先由其法制机构进行合法性审查，通过之后方可提交审查备案；河北、湖北规定需提供行政规范性文件在制定过程中公开征求意见的证明材料。

关于报送材料的格式，由于地方需要报备的规范性文件数量较多，而各地、各级政府法制机构备案人员有限，这给备案工作效率带来很大压力。统一报备格式不仅为日后的信息化归档、查询等工作提供了便利，还利于备案工作制度的统一化、规范化。为了统一规章备案格式，提高报备质量，根据《法规规章备案条例》，2002 年 2 月 4 日国务院法制办公室下发《国务院法制办公室关于印发规章备案格式的通知》，要求各法制机构按照规定的规章备案的四种格式①，在规章公布后 30 日内，将报送国务院备案的规章备案件装订成册，一式十份，报送国务院法制办公室。基于此规定，各地规章对行政规范性文件的报备格式均做出了明确要求。

另外，根据《法规规章备案条例》第 6 条以及《法规、司法解释备案审查工作办法》第 9 条的规定，在报送纸质材料的同时有条件的还应当报送电子版本。目前有 17 个省明确了提交材料时，可以提交电子版本。这主要是由于信息化技术的发展使得现代档案管理普遍向信息化方向发展，备案审查的报备手段也应当与时俱进。电子报备存在强大的优势，一方面，随着备案审查制度的发展，备案范围逐步向实现规范性文件"全覆盖"的目标靠近，因而报备文件的数量必定比之前逐步大幅增加，同时随着备案制度的完善，报备的内容和材料也越来越详细，备案机关不得不将有限的人力资源从审查环节分配到档案管理上来（有的地区每年在备案登记环节投入的人力成本巨大，如河南省濮阳市政府法制机构备案登记工作约占总工作量的三分之一），在对这些庞大的备案数据进行管理和分析时，仅靠人力费时费力、效率低下。另一方面，单靠纸质文本报备还要受到邮寄时间、接收条件等因素的制约，电子备案的方式将大大节省途中传送以及审查公布的时间。除此之外，电子备案的方式还有利于加强政务公开。备案审查机关可以直接将经过备案的行政规范性文件的目录等公布在网站上，方便社会公众直接查询监督。

（3）接收、登记与转送

规范性文件由备案审查工作机构负责接收、登记，并按职责分工，分送有关人大专门委员会和常委会工作机构，这是备案程序的关键步骤。备案审查机构对报送的相关材料进行初步审查并视审查结果来决定是否予以登记，登记前

---

① 这四种格式分别为部门规章备案格式、部门联合规章备案格式、地方政府规章备案格式、年度规章目录备案格式。一份备案报告的具体格式一般包括版头、发文字号、标题、主送机关、正文、发文机关署名、成文时间、印章等部分。

应当对报送材料的格式、文种、数量等逐项进行形式审核,符合备案要求的文件进行备案登记,不符合要求的应当要求报备机关补充报送,补充报送到位后再办理备案登记。各地对备案登记的重视程度大相径庭,目前仍有部分省份未对备案登记的环节作出明确规定,已作出规定的部分省份也存在备案登记内容粗糙、不够具体的问题。

根据《法规规章备案条例》第 7 条的规定,对于报备登记的法规规章,主要有以下几种结果:①制定主体合法,报备格式、材料齐全的,符合备案登记的基本要求,可以予以备案登记;②制定主体不合法的,不予备案登记;③制定主体合法,但报备格式或材料不齐全的,暂缓办理备案登记;暂缓办理备案登记的,由国务院法制机构通知制定机关补充报送备案或者重新报送备案;补充或者重新报送备案符合规定的,予以备案登记。在大多数地方的规定中,也对上述情况作出了明确规定。

对已报备登记的规范性文件,备案审查机构根据文件内容和内部职责分工提出办理建议,报经分管负责人同意后,转送内部专门备案审查工作机构进行审查。如《湖北省各级人民代表大会常务委员会规范性文件备案审查工作条例》第 12 条规定:"备案审查工作机构对登记备案的规范性文件提出办理建议,按照有关程序和职责分工及时分送人民代表大会有关专门委员会或者常务委员会有关工作机构进行审查研究。"

(4) 备案登记公布

备案登记公布是备案审查公开的前提和基础。《法规规章备案条例》第 8 条规定,经备案登记的法规、规章,由国务院法制机构按月公布目录。编辑出版法规、规章汇编的范围,应当以公布的法规、规章目录为准。部分地方已建立了行政规范性文件报备公布制度,备案机关需定期把已经备案的行政规范性文件的目录予以公布,这有利于达到"有件必备"的效果,但"重备案轻公开"的问题也同时存在,其解决依赖于备案公布制度的建立、遵守及报备机关的自觉。

但在地方层面，仅少数省份制定了要求备案登记公布的规定。如《湖北省各级人民代表大会常务委员会规范性文件备案审查工作条例》第 40 条规定："县级以上人民代表大会常务委员会应当将规范性文件备案审查工作纳入常务委员会年度工作要点、监督工作计划，每年的常务委员会工作报告应当报告规范性文件备案审查工作情况，接受人民代表大会监督。县级以上人民代表大会常务委员会备案审查工作机构应当每年向本级人民代表大会常务委员会报告上一年度规范性文件备案审查工作情况，并及时向社会公布，接受监督。"《湖北省规范性文件备案审查规定》第 9 条第 3 款规定："各地各部门报备的规范性文件目录，由政府法制工作机构逐月公布。"《广东省各级人民代表大会常务委员会规范性文件备案审查条例》第 11 条第 1 款规定："报送备案的规范性文件符合本条例第八条、第九条和第十条规定的，县级以上人民代表大会常务委员会法制工作机构予以备案登记，并定期向社会公布备案的规范性文件目录。"《浙江省行政规范性文件备案审查实施办法》第 15 条第 2 款规定："备案机关或者县级以上人民政府法制机构应当通过政府网站或政府公报，定期公布备案的行政规范性文件目录。"

2. 审查程序

（1）审查时限

在建立备案审查制度的省份中，有六个省份完全没有规定审查时间，其他省份或者规定了针对地方人大常委会的审查时间，或者规定了针对地方政府的审查时间，还有些省份不仅规定了被动审查的时限，还规定了主动审查的时限，如内蒙古、安徽，从这个角度来说，地方立法反而走在了中央规定的前面。关于审查时限，内蒙古、江苏、浙江、山东、西藏、广西、云南规定了 3 个月审查时限，与中央层面的立法相一致；北京和广东规定了 15 日审查时限；其他省规定了最常见的 30 日审查时限。

　　对此，有观点认为，审查时间不宜统一规定，因为这与人均审查数量有关，即各地接受备案文件数量和备案申请数量除以该省审查机构的人员所得数值越高，审查的负担就越重，那么需要的审查时间就越长；反之，这个数值越小，审查的负担就越轻，需要的审查时间就越短。作者赞成这种观点，审查时限的设置要根据实际情况而定，既要考虑合理性也要考虑可行性。《法规备案审查工作程序》中所规定的 3 个月可以视作最长的审查时限，特殊情况下可延长至 3 个月。

　　（2）审查机构

　　《法规规章备案条例》规定，国家机关、社会团体、企业事业组织、公民认为地方性法规同行政法规相抵触的，或者认为规章以及国务院各部门、省、自治区、直辖市和较大的市的人民政府发布的其他具有普遍约束力的行政决定、命令同法律、行政法规相抵触的，可以向国务院书面提出审查建议，由国务院法制机构研究并提出处理意见，按照规定程序处理。因而对于法规、规章的审查由国务院法制机构进行。

　　根据备案审查工作的有关规定和实际开展情况，地方人大备案审查机构主要有四类：第一是由各地人大常委会的办事机构审查，一般县级人大常委会采取这种做法；第二是由有关专门委员会审查，一般省、市两级的人大常委会采取这种做法；第三是由常委会办事机构接收，专门委员会审查，再由常委会办事机构答复；第四是由常委会的工作机构承担。[①] 备案审查机构分散不利于备案审查权的高效行使。政府系统的备案审查多由政府法制办来承担。

　　（3）审查方式和方法

　　通常，备案审查是以书面审查进行。审查方法是指备案机关对行政规范性

---

① 罗建明：《规范性文件备案审查的若干思考》，载《人大研究》2008 年第 8 期，第 41 页。

文件审查时所采用的具体方法。审查方法运用得当，可以提高审查的效率，并真正发挥审查的作用，将违法或不恰当的行政规范性文件拒之门外。纵观各地规定的审查办法，可以归纳为以下四种：召开座谈会、论证会、听证会；调查或联合审查；征求意见以及按照要求说明情况或者提交补充材料。如《湖北省各级人民代表大会常务委员会规范性文件备案审查工作条例》第19条规定：县级以上人民代表大会专门委员会、常务委员会工作机构对规范性文件进行审查研究时，可以通过书面征求意见，召开座谈会、论证会、听证会等形式，广泛听取意见。

仅有少数省份规定可采取座谈会、论证会或听证会的形式进行审查，至于何种情况可以采用论证会或听证会，论证会和听证会具体应当如何进行就更是法律空白。大部分省份并未规定"调查"或"联合审查"这一手段，即使有规定也缺乏可操作的具体措施。征求意见分为向有关部门征求意见与向专家征求意见，各地基本上均未对被征求意见的主体和时限等做出具体规定。对于按照要求说明情况或者提交补充材料而言，大部分省份仅做出了制定机关需说明具体情况或提供相关材料且不能超过规定期限的模糊规定，吉林、天津、山东则进一步规定了"7日"或"15日"的期限。

第二节　地方立法备案审查的结果

通常，裁决是备案审查工作的最后一个环节，审查结果也是确保备案审查制度发挥功能以及最终实施效果的关键。但是，正如第四章所探究的那样，地方立法双重备案与《立法法》第95条所规定的地方性法规、规章之间不一致的裁决机制产生龃龉。因此，在此以审查结果称谓以区别不一致裁决。

根据我国《宪法》《立法法》《监督法》《地方各级人民代表大会常务委员会和地方各级人民政府组织法》《法规规章备案条例》以及各地制定的备案审查条例或办法等相关规定，地方立法备案审查的结果存在一定程度上的不确定性，并且审查结果主要涉及对被审查主体的约束，而不涉及对制定机关的影响。因为"审查"的结果可能直接导致相关法规、规章或其他规范性文件被否定或变动的法律后果，也可能会使已有法律文件丧失法律效力，也有可能只是由审查机关向制定机关提出修改、废止建议或提请其他有权主体处理。

一、中央层面备案审查的结果

在实践中，中央层面备案审查的结果主要有批准或不批准、提请裁决或处理、改变与撤销、提出相关意见四种形式。这四种形式导致不同的后果和效力，但是在彼此之间又存在某种程度上的相互衔接或者层层递进的关系。譬如，在对法规、自治条例和单行条例、规章是否存在与宪法和上位法相抵触或者不适当的情形进行审查和裁决之后，才能作出改变或撤销的决定；在有权的审查主体向制定机关提出建议其自行修改或废止的审查意见之后，如果制定机关不予修改或废止，才会导致法律文件被撤销的结果。

1. 批准

如第四章所述，批准可以被视为是与备案审查并行的立法监督制度，属于广义上的备案审查制度。批准制度被视为立法程序的必经环节，由省、自治区、直辖市人大常委会进行实质性预防审查，其作用是防止设区的市的人民代表大会及其常务委员会滥用地方立法权。①《立法法》第 72 条第 2 款中规定："省、自治区的人民代表大会常务委员会对报请批准的地方性法规，应当对其合法性进行审查，同宪法、法律、行政法规和本省、自治区的地方性法规不抵触的，应当在四个月内予以批准。"因此，在很大程度上，"批准"是"审查"之后的一种结果。②

对于"批准"的理解，主要有两种：一种认为，批准意味着批准机关对报请批准的法规、条例，可以随意进行修改；另外一种意见认为，批准机关对报请批准的法规、条例，只能就其是否符合宪法和有关法律进行审查，对符合的予以批准，对不符合的不予批准，不能加以随意修改。在实践中一般采取第二种理解。依据我国《宪法》第 100 条、第 116 条以及《立法法》第 72 条、第 75 条的规定，我国需经"批准"生效的主要有两种情况：（1）设区的市的人大及其常委会制定的地方性法规须报省、自治区的人大常委会批准后施行；（2）自治区的自治条例和单行条例报全国人大常委会批准后生效，自治州、自治县的自治条例和单行条例报省、自治区、直辖市的人大常委会批准后生效。

2. 提请相关主体处理或自行纠正

审查主体对报送备案的法律、法规或规章不认可的，可以直接改变或撤销，也可以提出处理意见并提请相关主体处理，还可以建议制定机关自行纠正。《法规规章备案条例》第 12 条和第 14 条规定，经审查，地方性法规与行政法规相抵触的，由国务院提请全国人大常委会处理；规章超越权限，违反法律、行政法规的规定，或者其规定不适当的，由国务院法制机构建议制定机关

---

① 李燕：《论省级人大常委会对设区的市地方性法规批准制度》，载《江汉学术》2017 年第 3 期，第 59 页。

② 封丽霞：《制度与能力：备案审查制度的困境与出路》，载《政治与法律》2018 年第 12 期，第 102 页。

自行纠正，或者由国务院法制机构提出处理意见报国务院决定并通知制定机关。《立法法》第 100 条中明确规定："全国人民代表大会专门委员会、常务委员会工作机构在审查、研究中认为行政法规、地方性法规、自治条例和单行条例同宪法或者法律相抵触的，可以向制定机关提出书面审查意见、研究意见；也可以由法律委员会与有关的专门委员会、常务委员会工作机构召开联合审查会议，要求制定机关到会说明情况，再向制定机关提出书面审查意见。"即全国人大法律委员会、专门委员会可以提出审查意见。

《法规备案审查工作程序》第 9 条进一步细化《立法法》关于提出审查意见的规定："经商法律委员会研究认为法规同宪法或者法律相抵触的，可以与制定机关进行沟通协商，提出意见。"《法规备案审查工作程序》第 11 条规定："法律委员会……认为法规同宪法或者法律相抵触的，由法律委员会报秘书长，经秘书长同意，由有关专门委员会向制定机关提出书面审查意见，建议制定机关自行修改或者废止该法规。"也就是说，如果制定机关不予修改或废止，全国人大法律委员会、有关专门委员会、常委会工作机构应当向委员长会议提出予以撤销的议案或建议。由上述规定可以看出，如果被审查主体确实同宪法或法律相抵触时，应先进行沟通协商，提出审查意见，希望制定机关先进行自行纠正，如果不进行修改方能建议撤销。这些规定充分显示了我国备案审查制度的中国特色，即"先礼后兵""一团和气"，审查主体充分尊重和考虑制定机关的"颜面"。只有在备案审查对象与宪法或者法律相抵触，与制定机关协商不成、沟通无效的情况下才行使撤销权。

3. 改变或撤销

改变或撤销是有关立法主体对与宪法或上位法相抵触或者不适当的法律、法规、自治条例和单行条例、规章直接予以变更或者宣布无效的制度。改变主要是指直接修改法律文件的部分条款，不影响整个法的生效，通常适用于

"不适当"的情形。撤销是直接从整体上否定法律文件的效力，通常适用于与宪法或上位法相抵触的情形。显然，改变是对相关立法的部分否定，撤销则是对相关立法的全面否定。根据我国《立法法》第96条，改变或撤销主要适用于以下情况：①超越权限的；②下位法违反上位法规定的；③规章之间对同一事项的规定不一致，经裁决应当改变或者撤销一方的规定的；④规章的规定被认为不适当的；⑤违背法定程序的。关于改变与撤销，我国《宪法》第62条、第67条、第89条、第99条、第104条、第108条，我国《立法法》第96条和第97条，我国《监督法》第30条以及我国《地方组织法》第8条、第44条、第59条都有相应规定，但在改变或撤销的主体与对象、理由以及处理方式方面并不完全统一。

二、地方层面备案审查的结果

根据各地法律文本的规定，备案审查机关在对报送备案的规范性文件经过审查后，认为存在不合法、不适当情形的，须做出宣布无效或者撤销、责令制定机关改正等形式的审查结果。有学者根据审查结果从弱到强分为沟通协商、向制定机关提出自行修改或者废止的建议、责令制定机关限期纠正、停止规范性文件的执行、直接宣布无效或者撤销五种形式。实际上，沟通协商不是审查结果，而是在作出修改或宣布无效或者撤销等严厉审查决定前的协调沟通机制而已。因此，有学者采取的审查机关直接宣布无效或者撤销，责令制定机关改正，建议制定机关自行修改或废止，责令或通知制定机关改正和不予备案五分法[①]更有说服力。本书根据备案审查结果由弱到强区分为不予备案，责令或通

---

① 王锴：《论规范性文件的备案审查》，载《浙江社会科学》2010年第10期，第12页。

知制定机关改正，建议制定机关自行修改或废止，停止规范性文件的执行和宣布无效或者撤销五种处理方式，现分别予以探讨。

1. 不予备案

有学者指出，鉴于备案是对已经生效的文件进行审查，以决定它今后是否能够继续生效，在此不能把审查等同于审批，因而备案不影响备案的规范性文件的效力。[①] 但是，行政法规和规章有可能在生效之前报请备案，此说法并不成立。通常，不予备案是针对不满足报备时限和提交材料的要求而不予备案登记，并不针对实质审查。但是，现实中各地在开展主动审查时，往往将不予备案作为一种处理措施。不予备案的决定是审查结果中强度最弱的处理方式，如《浙江省行政规范性文件备案审查实施办法》第19条第3项、第4项规定："（三）行政规范性文件存在超越法定职权、违反《管理办法》第八条有关禁止性规定、与上位法相抵触等情形的，不予备案，并向制定机关提出限期改正、停止执行该行政规范性文件部分或者全部内容的意见要求；必要时，由备案机关依照职权直接予以撤销或者改变；（四）行政规范性文件制定程序不符合《管理办法》相关规定的，不予备案，并可以向制定机关提出停止执行该行政规范性文件、限期补正程序和重新发布的意见要求。"

2. 责令或通知制定机关改正

这是次弱的审查结果。这种方式是由审查机关指出行政规范性文件中存在的问题，如超越法定职权；未严格遵守法定权限和程序；不符合法律、法规、规章和国家的方针政策；设定了行政许可、行政处罚、行政强制等应当由法律、法规和规章设定的事项；没有法律、法规、规章为依据，规定了限制或者

[①] 马岭：《我国规范性法律文件的备案审查制度》，载《财经法学》2016年第3期，第44页。

剥夺公民、法人和其他组织合法权利，或者增加公民、法人和其他组织义务的内容；与上位法相抵触等，并要求制定机关自行纠正。行政规范性文件或许不存在违法情形，但其合理性或者文字表述可能存在严重瑕疵，其中，文字表述的瑕疵可能是法律语言的模糊性，也可能是制定机关工作人员的疏忽等原因造成的。这类行政规范性文件在行政管理活动中容易产生歧义，可能会让执法人员感到困惑或让相对人感到无所适从。如果不加修改和完善，行政规范性文件的制定目的将会被曲解。在这种情况下，审查机关需要提请制定机关多加注意，同时准予备案并附相关审查建议。虽然各地备案审查办法或条例都规定了责令或通知制定机关改正的处理方式，但是对制定机关若不纠正的问责机制未做规定。

3. 建议制定机关自行修改或废止

这是最常见的审查结果，即建议制定机关自行修改或废止，如果制定机关拒不修改或废止的，再责令自行撤销或者报请有权机关予以撤销。这种审查处理方式尽量督促行政机关自行纠正，但是如果制定机关不采纳建议或拒不修改，将视情况采取进一步措施。各地也因此在如何采取进一步措施的具体规定方面依然有差异，北京、天津、河北等地规定：若不自行纠正，则向本级人民政府提出撤销建议，但是是否撤销，由市政府作出决定；宁夏规定：由备案机关决定予以改变或者撤销。有学者指出，这种方式之所以被广为采用，就在于其具有很强的协商性，符合了"一团和气"的中国人性格，有的地方甚至规定了多次与制定机关进行协商的情形。这种设计虽然将审查机关与制定机关之间的冲突可能性降到最低，但是也牺牲了审查的效率。[①]

---

① 王锴：《论规范性文件的备案审查》，载《浙江社会科学》2010 年第 10 期，第 12 页。

4. 停止规范性文件的执行

因规范性文件一经公布就具有法律效力，且其效力对象不特定、效力范围广，为了防止继续执行该文件造成公民权利损害的扩大，在制定机关改正或撤销之前，应暂停执行该文件。这实际上属于暂时性权利保障制度，[1] 是有别于宣布无效或撤销的一种过渡性或中间性处理方式。如《山西省规范性文件制定与备案规定》第20条第1项，《山东省人民政府法制办公室规范性文件备案审查程序规定》第11条第2项，《新疆维吾尔自治区行政机关规范性文件备案规定》第13条第2款，《宁夏回族自治区行政规范性文件制定和备案办法》第30条第2款，《福建省行政机关规范性文件备案审查办法》第11条第2款都对此作出了规定。

这种方式可在以下两种情形下使用：一是行政规范性文件全部或部分内容存在严重的合法性或合理性等问题，无法通过修改原行政规范性文件来加以纠正，需要彻底停止执行的。但是，鉴于报备的制定机关是该行政规范性文件的制定者，为防止停止执行可能引发的后续问题，故交由报备的制定机关择机宣布停止执行较为适宜。二是行政规范性文件存在合法性或合理性等问题，但可以修正的。在修正之前，由报备的制定机关暂时停止其执行。此种方式可与责令制定机关限期纠正结合使用。当遇到行政规范性文件存在超越法定职权、与上位法相抵触等情形时，审查机关将不予备案，并向制定机关提出限期改正、停止执行该行政规范性文件部分或者全部内容的意见要求。如果制定机关没有认真对待该意见要求，审查机关还应督促制定机关自行纠正。必要时，审查机关可依照职权直接予以改变或者撤销。但审查机关直接改变或者撤销行政规范性文件将会给制定机关的权威和公信力带来一定影响，因此审查机关需慎重对待。

---

[1] 王锴：《论规范性文件的备案审查》，载《浙江社会科学》2010年第10期，第12页。

5. 宣布无效或者撤销

由审查机关直接宣布无效或者撤销是最强、最严厉的处理方式。《湖南省规范性文件管理办法》第 25 条中规定："逾期不报告纠正结果的，按照下列规定处理：（一）超越职权，或者依法需经批准而未经批准，或者未经统一登记、统一编号、统一公布的，由负责审查的政府法制部门或者部门法制机构确认该规范性文件无效；（二）内容违法的，由负责审查的政府法制部门提请本级人民政府撤销该规范性文件，或者由负责审查的部门法制机构提请本部门撤销该规范性文件。确认规范性文件无效或者撤销规范性文件，应当在本级政府公报和政府网站公布。"《湖南省规范性文件备案审查条例》第 15 条规定："规范性文件制定机关收到规范性文件书面审查意见后，对规范性文件不予修改或者废止的，省、设区的市、自治州人民代表大会专门委员会可以提出撤销该规范性文件的议案，由主任会议决定提请常务委员会审议；常委会工作委员会可以提出撤销该规范性文件的建议，由主任会议决定是否向常务委员会提出撤销该规范性文件的议案；县级人大常委会主任会议可以提出撤销该规范性文件的议案，提请常务委员会审议。省人民代表大会专门委员会、常委会工作委员会或者备案审查工作机构认为长沙市人民政府制定的规章应当修改或者废止而制定机关不予修改或者废止的，可以向主任会议提出报告，转交省人民政府或者长沙市人大常委会处理，并要求报告结果。"《山西省规范性文件制定与备案规定》第 20 条第 1 项规定："制定机关在规定的期限内不修改或者不废止的，提出处理意见报请本级人民政府予以改变或者撤销，或者经本级人民政府授权后，直接予以改变或者撤销。"其他省市也有类似规定。

此外，一些省份区分了规范性文件的全部违法和部分违法，从而防止撤销的扩大化，最大限度地维护了法律秩序的稳定。如《山西省实施〈中华人民共和国各级人民代表大会常务委员会监督法〉办法》第 30 条，《河南省实施〈中华人民共和国各级人民代表大会常务委员会监督法〉办法》第 56 条第 1 款。

需注意的是，如前所述，备案审查中的沟通协商不是审查结果，而是在作出修改或宣布无效或者撤销等严厉审查决定前的协调沟通机制，仅仅起到缓冲作用。通常是针对适当性审查才采取这种我国特色的"一团和气"式的缓冲机制，各地规定各具特色。如《内蒙古自治区各级人民代表大会常务委员会规范性文件备案审查程序的规定》第 18 条第 1 款规定："规范性文件存在本规定第八条所列不适当情形的，审查工作机构应当向人民代表大会常务委员会主任会议报告后，及时告知制定机关，并与之协商。"《山东省人民政府法制办公室规范性文件备案审查程序规定》第 11 条第 1 项、第 2 项规定，经审查，认为备案文件存在问题的，应当及时与制定机关进行沟通，并按照下列规定进行处理：文字表述存在严重瑕疵，执行中容易引起歧义的，准予备案同时向制定机关提出相关审查建议；制定主体不合法、超越法定权限、内容不合法或者明显不适当的，报办领导批准后，制发不予备案通知书，通知制定机关停止执行该文件部分或者全部内容，并在 30 日内改正、重新公布。在涉及合法性问题时，有些地方规定了先沟通协商再采取进一步措施，如《宁夏回族自治区行政规范性文件制定和备案办法》第 30 条第 1 款第 2 项规定：有该办法第 28 条第 5 项情形的，[①] 应当及时予以协调，并通知制定机关修订；不能协调一致的，提出处理意见及理由，报备案机关决定。《山东省人民政府法制办公室规范性文件备案审查程序规定》第 12 条规定："经审查，认为设区的市人民政府规范性文件与省政府部门规范性文件之间，或者省政府部门规范性文件之间，对同一事项的规定不一致的，报办领导批准后进行协调；经协调达不成一致意见的，提出处理意见报省人民政府决定，并通知制定机关。"《浙江省行政规范性文件备案审查实施办法》第 20 条规定："行政规范性文件同时报送本级人民政府和上一级主管部

---

① 即"是否就同一事项的规定与其他规范性文件相矛盾"，见《宁夏回族自治区行政规范性文件制定和备案办法》第 28 条的规定。

门备案的，有关备案机关与政府法制机构应当加强沟通；审查意见不一致的，报请共同的上一级行政机关的法制机构协调确定审查意见。"

从全国人大常委会法工委最新公布的备案审查典型案例中结果处理的方式来看，审查机关根据所审查文件出现的各种违法情形，分别向制定机关作出依法纠正、修改、废止或撤销的审查意见和建议，而最终的纠正结果也显示制定机关一般都能够及时纠正违法情形并作出处理决定。在实践中，"先礼后兵"的方式往往在"礼"的阶段就可以达到一定的纠正效果。这也同时说明，审查机关和制定机关及时沟通、提出意见和建议这种"和谐"式的审查处理方式在我国有广泛的适用基础。

第三节 地方立法备案审查的效力

有学者参照德日违宪判断的效力指出，地方人大常委会备案审查具有确定力、既判力、羁束力、对象效力和时间效力。[①]

一、备案审查决定具有形式确定力

备案审查决定所具有的确定力包括形式确定力和实质形式确定力两方面。对于地方立法备案审查决定行为而言，它在形式上具有确定力。[②] 即地方立法

[①] 陈运生：《地方人大常委会的规范审查制度研究》，中国政法大学出版社2013年版，第307－314页。

[②] 陈运生：《地方人大常委会的规范审查制度研究》，中国政法大学出版社2013年版，第307页。

备案审查主体一经做出备案审查决定即产生效力，被审查的规范性文件制定主体不得任意改变或任意请求改变该审查决定。备案审查的形式确定力旨在制约备案审查主体，要求备案审查主体一旦做出不得随意变更，以确保备案审查决定的效力。

地方立法备案审查决定还具有实质上的确定力，指由具有形式性的确定力的判断所产生的标的上的、具有实体内容意义的确定力。由于这种实质性的确定力产生法律稳定性、法律确定性与法律安定性①，因此实质上的确定力也被称为既判力，它意味着地方立法备案审查主体一经做出备案审查决定，非经法定程序不得任意改变或撤销。

这体现在全国人大常委会有关方面研究起草的《备案审查工作规定》草案的讨论中，有意见提出，对已经依据被撤销、纠正的法规、司法解释处理的具体案件，原则上应从维护法律秩序的安定性出发，维持其既判力，但是对于涉及公民、组织特别重大利益的，应当从维护公民、组织合法权利出发予以纠正。②

二、备案审查决定具有羁束力

备案审查决定的羁束力又称拘束力，是指地方立法备案审查主体一经做出备案审查决定，所有公民、法人和国家机关都予以遵守的效力。确定力主要是对判断机关所提出的要求，受到确定力约束的主体以规范审查判断机关、有关的当事人（关系人）以及法律继受人为限；但规范审查判断的羁束力则主要羁束除了规范审查机关之外的其他公权单位，包括宪法机关、行政机关及各种

---

① 陈运生：《地方人大常委会的规范审查制度研究》，中国政法大学出版社2013年版，第309页。
② 朱宁宁：《聚焦规范性文件备案审查关键问题》，载《法制日报》2018年10月16日，第10版。

法院。① 同样，在《备案审查工作规定》草案的讨论中就有人提出赋予备案审查决定羁束力，即"法规、司法解释被纠正或者撤销后，依据该法规、司法解释制定的规章、规范性文件应当及时进行修改或者废止"。②

三、备案审查决定具有对象效力

备案审查决定具有对象效力即一般效力，是指地方立法备案审查主体的审查决定除了可以拘束审查机关自己和其他公权机关外，最主要的受众是普通的公民。③ 地方立法备案审查主体所作出的改变或撤销被审查规范性文件的决定，必然意味着普通民众由此不再受到违法或不当地方立法条款的拘束。

四、备案审查决定具有时间效力

有学者指出，备案审查决定依效力的开始时间的不同分为三种：现在效力，自规范审查判断公布之日起生效；溯及（效）力，溯及至规范生效之日或与出现不适当之日；将来效力，即规范审查判断于将来某日起生效。④

《备案审查工作规定》草案中规定，行政法规、地方性法规被全国人大常委会依法撤销的，自撤销的议案通过之日起失效。全国人大常委会依照《监督法》第33条通过关于要求最高人民法院或者最高人民检察院修改、废止司

---

① 陈运生：《地方人大常委会的规范审查制度研究》，中国政法大学出版社2013年版，第310－311页。
② 朱宁宁：《聚焦规范性文件备案审查关键问题》，载《法制日报》2018年10月16日，第10版。
③ 陈运生：《地方人大常委会的规范审查制度研究》，中国政法大学出版社2013年版，第313页。
④ 陈运生：《地方人大常委会的规范审查制度研究》，中国政法大学出版社2013年版，第314页。

法解释的议案的，司法解释自议案通过之日起停止施行。同时，草案还规定，法规、司法解释被依法撤销或者纠正的，以原法规、司法解释为依据制定的规范性文件自法规、司法解释失效或者停止施行之日起停止适用。① 此即对备案审查决定现在效力和溯及力的规定。对此，有意见认为，应当对被撤销或者纠正的法规、司法解释违反上位法的情形做出区分：如果是因为违反制定时的上位法被撤销、纠正的，应当自始无效；如果是因为上位法发生变化后没有及时修改被纠正的，严格来说不应属于备案审查的范畴，而属于对法规、司法解释进行清理的范畴。②

本章小结

地方立法备案审查制度不仅是备案审查制度的重要组成部分，而且地方人大与政府系统的备案审查独树一帜，成为具有中国特色的立法监督制度。《监督法》授权省级人大常委会参照《立法法》制定政府规范性文件备案审查的程序，但各地的地方性法规对备案审查范围、备案审查机构、报备期限、备案审查程序等规定不一致，造成了法制不统一的局面。尽管如此，地方立法备案审查制度始终在不断发展和完善，为中国特色社会主义法律体系的完善做出了应有的贡献。

---

① 朱宁宁：《聚焦规范性文件备案审查关键问题》，载《法制日报》2018 年 10 月 16 日，第 10 版。
② 朱宁宁：《聚焦规范性文件备案审查关键问题》，载《法制日报》2018 年 10 月 16 日，第 10 版。

第七章 地方立法备案审查制度之完善

相较于中央层面的备案审查而言,地方层面在备案审查制度上有诸多创新,因而在某种程度上,地方备案审查制度走在中央的前列。但是,地方立法备案审查制度在整体上还存在诸多不足,仍有改进和完善的空间,如程序机制不完善,公开、参与、问责联动机制存在诸多缺失,以及对信息技术手段利用不足等。

第一节 完善地方立法备案审查程序

当下,地方立法备案审查程序存在的问题包括:启动主体较窄且启动乏力,反馈机制不健全,欠缺异议不服和对未报备规范性文件的处理机制。

首先,在备案审查制度中,大多数地方都规定了公民、法人或者其他组织可以对规范性文件提起备案审查请求,《西藏自治区规范性文件制定和备案规定》第31条中规定:"公民、法人或者其他组织认为规范性文件内容不合法或者不适当的,可以向制定机关或者备案机关提出书面审查建议。"尽管如此,由于公民素质及备案审查制度多仰赖各级国家机关进行,对公民、法人或者其他组织启动的备案审查未给予必要重视。

启动乏力也是制约备案审查的另一因素。有学者指出,在中央层面,有权向全国人大常委会书面提出审查要求的是"五大主体",即国务院、中央军事委员会、最高人民法院、最高人民检察院和各地人大常委会。但是需要注意的是,这五大主体本身也是重要的立法主体,所以在实践中一般不会指出自己的立法或其他四大主体的立法存在问题。因而,这五类机关的权力属性决定了其在提出审查要求方面的"主体不适"或曰"主体错位"[1],这就直接导致了相关主体集体沉默与制度失灵[2]。此外,其他国家机关和社会团体、企业事业组织以及公民认为行政法规、地方性法规、自治条例和单行条例同宪法或者法律相抵触的,也可以向全国人大常委会书面提出进行审查的建议,由常务委员会工作机构进行研究,"必要时"送有关的专门委员会进行审查。显然,"必要时"的规定赋予了全国人大常委会的自由裁量权。全国人大常委会在主动审查方面存在非常大的灵活性、不透明性和广泛的自由裁量权。这种审查方式很大程度上属于一种"不告不理"且"告了也不一定理"的状况,过分依赖审查主体的意志与能力,而没有将公民、企业、社会团体等的切实利益与对法律文件的外部监督有效结合起来,将直接导致审查机制在实践中处于长期闲置状态。

其次,须建立或完善备案审查反馈机制。实际上,这也是《立法法》第101条的要求:"全国人民代表大会有关的专门委员会和常务委员会工作机构应当按照规定要求,将审查、研究情况向提出审查建议的国家机关、社会团体、企业事业组织以及公民反馈,并可以向社会公开。"虽然,大多数地方都规定了对公众审查建议的反馈制度,对受理的审查建议做出反馈已成为备案机

---

[1] 林彦:《法规审查制度运行的双重悖论》,载《中外法学》2018年第4期,第940–945页。
[2] 封丽霞:《制度与能力:备案审查制度的困境与出路》,载《政治与法律》2018年第12期,第102页。

关的一种法定义务，但多数地方对公众意见的反馈方式、反馈期限、反馈内容都没有明确予以规定。① 在反馈方式上，只有山西、辽宁、湖南等地明确了备案机关需以书面方式答复审查建议人；在反馈期限上，只有河南和四川明确了答复期限，即自处理完毕之日起 20 日或 30 日内答复。② 有学者表示："从现有规定看，有权审查的主体似乎没有义务向提请审查主体给予应有的答复。若是继续这种状况，个人、组织有多少动力来提请审查，有多少动力来行使参与权、启动监督程序，是颇有疑问的。"③ 如果公众长期不能从审查机关得到回音，公民和社会组织提出审查建议的积极性就会减退，出于理性考虑也会慢慢抛弃这一方式，这样就很难发挥社会力量对于立法行为的外部监督作用。

再次，应建立备案审查异议不服机制。只有给予充分的救济，才能有效防范备案审查主体滥用备案审查权。有少数地方对备案审查结果不服异议程序做出了规定，如《贵州省规范性文件制定程序和监督管理规定》第 31 条规定："规范性文件的制定机关对承办备案审查的人民政府法制机构作出的备案审查处理意见有异议的，可以自接到书面通知之日起 15 个工作日内，向接受备案的人民政府提出审核申请，并将审核申请抄送承办备案审查的人民政府法制机

---

① 如《浙江省各级人民代表大会常务委员会规范性文件备案审查规定》第 19 条规定："应国家机关、社会团体、企业事业单位以及公民的要求和建议对有关规范性文件进行审查的，具体审查机构应当在审查工作结束后十五日内，将审查处理情况告知提出审查要求和建议的单位或者个人。"《河北省各级人民代表大会常务委员会规范性文件备案审查条例》第 22 条规定："县级以上人民代表大会专门委员会、常务委员会工作机构在依审查要求或者审查建议对规范性文件进行审查结束后，应当由常委会办公厅向提出审查要求的国家机关进行反馈，或者由备案审查工作机构向提出审查建议的有关国家机关、社会团体、企业事业组织以及公民反馈。"《西藏自治区规范性文件制定和备案规定》第 31 条规定："公民、法人或者其他组织认为规范性文件内容不合法或者不适当的，可以向制定机关或者备案机关提出书面审查建议。制定机关或者备案机关收到建议后，应当依法进行核查；发现规范性文件确有问题的，依法予以纠正，并将核查结果告知建议人。"

② 《河南省规章规范性文件备案办法》第 18 条第 2 款规定："县级以上人民政府法制机构收到书面审查建议，对属于本级人民政府管辖的，应当按照本办法的规定审查处理，并在 30 日内向建议人告知处理结果。"《四川省〈中华人民共和国各级人民代表大会常务委员会监督法〉实施办法》第 74 条规定："备案审查专门工作机构应当自规范性文件审查结论作出后二十日内，书面告知审查要求或者审查建议的提起人。"

③ 沈岿：《行政法与行政诉讼法》，人民法院出版社 2002 年版，第 54 页。

构，人民政府法制机构应当在15个工作日内向本级人民政府提交审核意见。"《吉林省规章规范性文件监督办法》第16条规定："规章、规范性文件的制定机关认为政府法制部门作出的处理决定违法、不当的，可以向其上一级政府法制部门申请复核。上级政府法制部门应当自接到复核申请之日起30日内进行审查，作出处理，并通知申请机关。"《河北省规范性文件制定规定》第28条规定："公民、法人或者其他组织认为公布的规范性文件有违法内容的，可以向制定机关提出审查建议。制定机关应当在30个工作日内进行审查并书面答复。对答复意见有异议的，应当在15日内提出复查申请，属于各级人民政府制定的规范性文件可以向上一级人民政府法制机构提出；属于政府工作部门制定的规范性文件可以向本级人民政府法制机构提出。接到复查申请的人民政府法制机构应当在30个工作日内进行复查并书面答复。"尽管如此，从中央和地方整体层面上还欠缺完备统一的对备案审查异议结果有异议的处理机制。

最后，应通过建立对未报备规范性文件的处理机制实现"有件必备"的要求。实践中，仅有个别省份规定了对没有报送备案的规范性文件的审查。

第二节 健全地方立法备案审查公开制度

俗话说"阳光是最好的防腐剂，灯泡是最有效的警察"。权力运行公开、透明是依法治国的基础，因此，对于地方立法备案各项工作，务必通过各种渠道和途径为公众所知晓、了解，否则不仅将严重影响备案审查工作的开展，还将严重影响公民知情权与监督权的落实。

健全地方立法备案审查公开制度需通过两方面进行，一是拓宽监督公开的途径，这须通过对内公开和对外公开予以实现。所谓对内公开，是指规范性文件备案审查情况应当定期向常委会委员和人大代表通报，常委会听取的专项工作报告应当有规范性文件备案审查的内容等。所谓对外公开，是指规范性文件备案审查情况应当通过人大常委会公报、网站等形式对社会公众公开。二是明确监督公开的具体内容：①接收规范性文件备案的目录。公布规范性文件备案目录，一方面可以使公民了解报备机关制定了哪些规范性文件，另一方面也可以起到对报备机关的监督作用。公民可以较为方便地知晓规范性文件制定机关有哪些文件没有报送。②接收审查要求、审查建议及其处理情况。对这些情况进行公布，有利于提出审查要求、审查建议的人进行对照，对规范性文件提出的审查要求、审查建议判断是否有所遗漏。另外，也可以作为其他有权机关提出审查要求或者公民、法人、其他组织提出审查建议时的借鉴。③主动审查规范性文件的情况。即上年度或定期公布所审查的规范性文件的名称以及最终审查结果和最终处理后的反馈情况等。

  目前，有不少地方对备案审查公开做出了规定，如《浙江省各级人民代表大会常务委员会规范性文件备案审查规定》第18条规定："县级以上人民代表大会常务委员会应当每年向人民代表大会会议书面报告上一年度规范性文件备案审查工作情况，并向社会公开。"《西藏自治区规范性文件制定和备案规定》第28条规定："规范性文件备案审查结果实行年度公布制度。县级以上人民政府备案监督机构应当将上一年度规范性文件的备案审查结果及时向社会公布。"《宁夏回族自治区规范性文件制定和备案规定》第31条规定："规范性文件制定机关应当于每年一月底前将上年度制定的规范性文件的目录一式五份报送备案机关法制机构。两个或者两个以上部门联合制定的规范性文件，由主办部门报送。"《四川省〈中华人民共和国各级人民代表大会常务委员会监督法〉实施办法》第75条规定："规范性文件的制定机关应当于每年一月底前，将上一年度制定的规范性文件的目录报送备案审查专门工作机构。"但是，各地对备案审查公开的规定大相径庭，亟需确立统一的备案审查公开制度。

第三节　健全地方立法备案审查公众参与机制

"民主是一种把公共偏好转化为公共政策的机制。没有公民方面的积极参与，民主制度不可能产生预期的政策效果。"[①] 公众参与的积极性与公众参与结果的有效性密切相关，有效性不仅体现在自己的意见是否被采纳上，更体现在这种参与态度是否得到了备案审查主体的积极回应，若对参与者的诉求予以积极回应，则参与者会认为自己的参与价值得到了认可，从而对备案审查主体产生一种信任心理，也会促使其在未来的备案审查活动中更积极地参与。

根据《立法法》《监督法》《行政法规制定程序条例》《行政法规、地方性法规、自治条例和单行条例、经济特区法规备案审查工作程序》以及各地关于备案审查的相关规定，公民、社会团体、企业事业组织提出审查请求并通过书面征求意见、座谈会、论证会、听证会等形式参与立法监督的一项重要权利，也是实现民主立法的一个重要方式。

健全备案审查公众参与制度可以从以下两方面着手：一是加大宣传力度，提高规范性文件备案审查制度在公民中的知晓度。地方备案审查制度全面建立的时间还不长，在社会生活中的影响力还不够大，因此，社会大众对这项工作还不熟悉，应当定期宣传这项工作，既可以通过媒体宣传备案审查方面的法律法规，也可以通过媒体宣传备案审查方面的典型案例。二是建立公众审查建议的反馈机制。应当进一步规范公民、企业事业组织和社会团体审查建议的接

[①] [日]猪口孝、[英]爱德华·纽曼、[美]约翰·基恩：《变动中的民主》，林猛等译，吉林人民出版社1995年版，第5页。

受、登记、归档、研究与答复制度，明确规定并使反馈制度更具可操作性，尤其要明确审查机关的回复期限、回复内容以及及时告知申请人或建议人结论的职责。在反馈方式上，要体现对审查建议人监督主体地位的重视，原则上需要以书面方式答复，特殊情况下可以通过电话等其他非书面方式答复，但应在答复完后一定期限内出具书面答复意见书；在反馈时限上，应规定在处理完毕之日起一定期限内给予审查建议人答复，逾期不答复的，应追究备案机关相关责任人行政责任。

目前，一些省份规定了备案审查中的公众参与程序。如《北京市各级人民代表大会常务委员会规范性文件备案审查条例》第15条规定："备案审查工作机构、市人大专门委员会或者市和区县人大常委会工作机构可以邀请常委会组成人员或者人大代表参加规范性文件审查的研究论证工作；也可以通过召开座谈会、论证会、听证会等方式，听取提出审查要求或者审查建议的国家机关、社会团体、企业事业组织或者公民、相关部门、专家及社会各界的意见。"《江苏省规范性文件制定和备案规定》第11条规定："起草规范性文件，应当广泛听取有关机关、组织和公民的意见。听取意见可以采取书面征求意见和座谈会、论证会、听证会等多种形式。鼓励采用各种有利于扩大公众有序参与的方式起草规范性文件。"《河北省各级人民代表大会常务委员会规范性文件备案审查条例》第23条规定："县级以上人民代表大会常务委员会应当建立引导社会各方面有序参与规范性文件备案审查工作机制，畅通提出审查要求和审查建议的渠道。县级以上人民代表大会专门委员会、常务委员会工作机构在办理审查要求或者审查建议时，可以听取提出审查要求或者审查建议的有关国家机关、社会团体、企业事业组织以及公民的意见。县级以上人民代表大会常务委员会可以委托具备专业能力和条件的高等院校、科研机构、行业协会等对规范性文件进行研究论证，并为备案审查工作提供参考意见。"《宁夏回族自治区各级人民代表大会常务委员会规范性文件备案审查条例》

第12条规定："有关专门委员会、工作委员会或者备案审查工作机构在审查规范性文件时，需要制定机关说明情况或者补充材料的，制定机关应当到会说明情况或者提交补充材料。有关专门委员会、工作委员会或者备案审查工作机构在审查规范性文件时，可以召开座谈会、论证会、听证会，听取相关部门和专家、学者的意见；也可以书面征求意见或者采取其他形式征求意见。"《浙江省行政规范性文件备案审查实施办法》第18条规定："对技术性、专业性较强的行政规范性文件，备案审查可以采用召开论证会、书面征求专家意见等方式进行。"

由此可见，各地对备案审查公众参与程序的理解不同，在制度设计上也各具特色，大多数地方尚未建立有效的备案审查反馈机制，使得备案审查公众参与机制犹如空中楼阁。因此，建立统一、完备的备案审查公众参与机制势在必行。

第四节　建立地方立法备案审查问责机制

行之有效的问责机制是落实备案审查制度的强有力保障。但是，我国在中央和地方层面对备案审查问责规定不完善，如欠缺对不备案、不审查情况的惩戒规定，从而导致了不报备、迟报备现象时有发生。如《法规规章备案条例》第20条规定："对于不报送规章备案或者不按时报送规章备案的，由国务院法制机构通知制定机关，限期报送；逾期仍不报送的，给予通报，并责令限期改正。"可见，在中央层面对不备案、不审查惜墨如金。在地方层面，个别省市规定了相对完整的问责机制，如《黑龙江省规范性文件制定和备案规定》第42条至第45条，《宁夏回族自治区规范性文件制定和备案规定》第33条至第

35 条,《西藏自治区规范性文件制定和备案规定》第四章"规范性文件的监督规定"整章,都对备案审查机制作出了规定。也有地方未规定制定机关漏报、迟报的责任,或者只是简单笼统地作出规定,如《河北省规范性文件制定规定》第 30 条规定:"负责规范性文件审查的政府法制机构收到规范性文件不予审查或者对审查发现的违法问题不提出纠正意见的,由本级人民政府责令改正或者通报批评;情节严重的依法追究责任。"

各地所规定的问责形式主要包括由备案审查机关责令备案审查机构限期改正,或者进行通报批评,造成严重后果的对负有领导责任的人员和直接责任人员给予行政处分,其中通报批评为大多数地方的主要问责形式。而且,无论是给予通报还是责令限期改正都缺乏必要的强制力与约束力。正如有学者所言,即使不备案,法规、规章的效力并不受任何影响,使制定机关认为备与不备一样,备案只是走形式而已,没有太大的意义和实际价值。①

欲完善备案审查问责机制,应建立和健全以下三个方面责任:

首先,规定报送主体的法律责任。按照规定的期限、报送材料和形式等要求及时报备不仅关乎备案审查启动的形式要件,而且备案率的高低会直接影响审查工作的开展。因此,必须对未履行报送义务的主体予以惩戒,如《宁夏回族自治区规范性文件制定和备案规定》第 34 条规定:"制定机关不按本规定报送备案材料的,由备案机关的法制机构通知制定机关,限期报送;逾期仍不报送的,责令限期改正,予以通报,并由备案机关或者监察机关对负有主要责任的主管人员和其他责任人员依法给予行政处分。制定机关对规范性文件存在的问题拒不纠正、拖延纠正的,由备案机关给予通报批评;情节严重的,由备案机关或者监察机关对负有主要责任的主管人员和其他责任人员依法给予行政处分。"

---

① 石维斌:《我国法规备案审查存在的问题与对策》,载《人大研究》2007 年第 6 期,第 7 页。马岭:《我国规范性法律文件的备案审查制度》,载《财经法学》2016 年第 3 期,第 44 页。

其次，规定被改变或撤销规范性文件的制定机关应承担相应的法律责任，甚至对其直接负责的主管人员和其他直接责任人员依法追究法律责任。如《宁夏回族自治区规范性文件制定和备案规定》第 35 条规定："备案机关的法制机构收到备案的规范性文件不予审查的，或者对审查发现的问题不予纠正的，由备案机关或者其上级法制机构责令限期改正或者通报批评；情节严重的，由备案机关或者监察机关对负有主要责任的主管人员和其他责任人员依法给予行政处分。"《黑龙江省规范性文件制定和备案规定》第 42 条规定："制定机关违反规范性文件制定程序有以下情形的，由备案审查机关或者其法制机构给予通报批评，并按照下列规定处理：（一）涉及重大事项或者关系人民群众切身利益的规范性文件，未召开座谈会、论证会、听证会或者向社会征求意见造成严重影响的，责令限期撤销该文件，由其主管机关或者监察机关对直接负责的主管人员和其他直接责任人员依法给予行政处分；（二）未经其法制机构合法性审核或者未采纳其法制机构合法性审核意见，导致发布的规范性文件内容违法的，责令限期撤销该文件；造成不良影响或者严重后果的，由其主管机关或者监察机关对直接负责的主管人员和其他直接责任人员依法给予行政处分；规范性文件未向社会公布即作为行政管理依据的，由备案审查机关的办公部门按照《黑龙江省政府信息公开规定》予以处理。"《西藏自治区规范性文件制定和备案规定》第 29 条规定："制定机关违反本规定第二十四条规定的，由备案监督机构向本级人民政府提出处理建议。本级人民政府可以给予通报批评；情节严重的，由本级人民政府或者监察机关对制定机关负有领导责任的人员和其他直接责任人员依法给予行政处分。"

最后，规定审查主体的法律责任。从权责一致的角度出发，备案审查主体若有违法行为，必须承担相应的法律责任。如果在备案审查行为中存在故意不处理审查要求或者审查建议和超过法律规定的审查期限的情形并造成严重后果的，则应当对其直接负责的主管人员和其他直接责任人员追究行政责任。如

《西藏自治区规范性文件制定和备案规定》第 30 条规定："备案监督机构及其工作人员未按照本规定对规范性文件进行备案审查的，由本级人民政府责令限期改正；造成不良后果的，由本级人民政府给予通报批评。"不仅如此，有学者提出，作为一种激励措施，备案审查工作应当纳入工作人员的年终考核之中，比如可按照备案审查数量、纠错数量等指标对其进行考核[①]，这样可以提高审查工作人员的工作积极性。

第五节　建立地方立法备案联动机制

由第四章的分析可以看出，地方立法备案审查存在双重甚至多重备案的现象，使得不同性质的备案主体间的审查结果可能存在冲突甚至相矛盾。在中央层面上，人大备案审查的权威有可能被国务院的备案审查消解。在地方层面上，同样面临着同时向人大和政府这两个备案主体备案时，若它们之间无统一的审查标准和协商机制，则会产生审查决定不一致的龃龉。此外，地方立法双重备案还会与地方性法规、规章不一致之间的裁决机制以及行政复议和行政诉讼制度产生冲突。

对此，各地开始探索如何应对这种冲突局面，一些省份规定，如果同一件规范性文件存在多个备案审查机关，既可以报本级人大常委会备案审查，也可以报上一级政府备案审查，如果两者之间发生冲突，则报上一级人大常委会裁决。较为典型的是《重庆市实施〈中华人民共和国各级人民代表大会常务委员会监督法〉办法》第 61 条规定："对区县（自治县）人民政府的同一件规

---

① 薛小蕙：《地方行政规范性文件备案审查制度的文本分析》，载《河南财经政法大学学报》，2019 年第 5 期，第 30 页。

范性文件的审查意见不一致时，市人民政府和区县（自治县）人大常委会可以分别或者联合报告市人大常委会决定。"《河北省实施〈中华人民共和国各级人民代表大会常务委员会监督法〉办法》第 45 条规定："常务委员会对本级人民政府报送备案的规范性文件的审查意见与其上一级人民政府意见不一致时，由上一级人民代表大会常务委员会依法审查处理。"

此外，鉴于党政联合发文现象较为普遍加之党内法规的迅速发展，备案审查不得不面对如何与党内法规备案审查制度的协调。因此，《中国共产党党内法规和规范性文件备案规定》第 14 条规定"建立党内法规和规范性文件备案审查与国家法规、规章和规范性文件备案审查衔接联动机制"。不仅如此，2017 年党中央出台的《关于加强党内法规制度建设的意见》提出要进一步加强"完善备案审查制度"，党的十八届三中、四中全会反复强调要加大党内法规备案审查力度，加强党内法规和国家法律法规的衔接和协调。

综上所述，多元备案审查体系下的地方立法备案体制，既无法发挥出审查效率优势，又不利于备案审查资源的整合优化，还将在某种意义上削弱人大备案审查的权威性，只有建立全国统一的备案审查联动机制才能在根本上解决上述问题。

第六节　利用信息技术提升地方立法备案质量

在信息时代，充分运用高技术手段不仅可以方便快捷地使公民、法人和其他社会组织提出审查建议，而且还可以有效提升备案审查的能力与效力。《全国人大常委会 2018 年立法工作计划》明确要求："加快建立全国统一的备案审查信息平台，巩固信息平台的工作功能，推动地方人大将信息平台延伸到所有立法主体。"2019年12月4日，全国人大常委会在中国人大网上正式开通了在线提交审查建议功能，[①] 这是备案审查工作里程碑式的事件，它标志着我国备案审查制度发展到了一个全新阶段。

有学者指出，通过现代网络技术建立备案审查信息平台，将备案审查工作向数字化、智能化方向推动，可以大大增强备案审查机关的工作能力。在对各类法律、法规、规章、条例以及其他规范性文件进行审查的过程中，运用大数据等最新智能技术进行"文面核查""条文比对""关联""甄别"，将节约大量的人工对照核查时间、减少工作负担，大大提升书面审查的效率。通过信息技术的运用，还能够对备案审查的各个时间节点进行网络控制，统一各个地方的审查格式标准，实现全国人大与国务院备案系统的同步报备与数据共享，推动实现备案审查工作从中央到地方、从人大到政府的"上下联通"、信息共享。[②]

有不少地方顺应这一趋势进而对利用信息技术辅助备案审查工作作出了规定，如《江苏省规范性文件制定和备案规定》第35条规定："制定机关应当定期对规范性文件进行汇总或者汇编，并将汇总及汇编的情况告知本级政府法制机构。制定机关应当建立和完善规范性文件电子管理系统，便于公众免费查询、下载。"《黑龙江省各级人民代表大会常务委员会规范性文件备案审查条例》第21条规定："省人民代表大会常务委员会应当加强备案审查信息化建设，建立全省统一的规范性文件备案审查信息平台，提高备案审查能力。"《吉林省各级人民代表大会常务委员会规范性文件备案审查条例》第21条规定："县级以上人民代表大会常务委员会法制工作机构应当将处理结果以书面或者口头形式，向提出审查建议的组织或者公民进行反馈。县级以上人民代

[①] 《宪法日，备案审查网络直通车正式开通：公民可一键提交审查建议》，载http://www.npc.gov.cn/npc/c30834/201912/e52670b8c5324ec8a64620ee247b28d4.shtml.

[②] 封丽霞：《制度与能力：备案审查制度的困境与出路》，载《政治与法律》，2018年第12期，第112页。

表大会常务委员会可以将审查建议处理情况,在人大门户网或者其他媒体上公开。"《广东省各级人民代表大会常务委员会规范性文件备案审查条例》第 30 条规定:"省人民代表大会常务委员会加强备案审查信息化建设,建立全省统一的规范性文件备案审查信息平台,提高备案审查效能。县级以上人民代表大会常务委员会和制定机关应当按照省人民代表大会常务委员会有关规定使用规范性文件备案审查信息平台,开展规范性文件的备案审查或者报送备案工作。"

但是,应当注意,运用网络技术进行的工作只是在对法律文件进行备案,以及在是否超越法定权限、存在相抵触情形、符合法定程序、违背强制性规定等形式意义上的"合法性"审查时能够发挥的作用,但在对法律文件进行深层次的实质意义的"合理性"审查过程中,即对相关法律文件适当或不适当以及是否符合上位法基本原则与精神、是否违背上位法立法目的和意图、是否符合地方实际情况、是否符合客观规律、是否符合情理等因素进行主观判断的过程中,大数据、人工智能等现代科技手段发挥的作用将会非常有限。[①] 因此,人工智能在备案审查工作中仅能充当辅助角色,取代那些繁杂的统计工作,而对于合法性、适当性以及合宪性甄别工作则必须由专业人员进行。

本章小结

地方立法备案审查制度历经 20 多年的发展,尤其近年来,各地在备案审

[①] 封丽霞:《制度与能力:备案审查制度的困境与出路》,载《政治与法律》,2018 年第 12 期,第 112 页。

查制度上进行了积极的探索和创新,在推进依法治国、践行立法监督、保障公民权利等方面均取得了诸多骄人的成绩。但不可否认的是,地方立法还存在诸多缺陷和不完善之处,必须在全国范围建立起统一的备案审查制度,才能解决各地各自为政、不统一、不协调的现状。

参考文献

一、著作

[1] 本书编写组. 规范性文件备案审查制度理论与实务［M］. 北京：中国民主法制出版社，2011.

[2] 蔡定剑. 中国人民代表大会制度［M］. 北京：法律出版社，2003.

[3] 陈运生. 地方人大常委会的规范审查制度研究［M］. 北京：中国政法大学出版社，2013.

[4] 董皞. 司法解释论［M］. 北京：中国政法大学出版社，1999.

[5] 胡建淼. 政府法治建设［M］. 北京：国家行政学院出版社，2014.

[6] 姜明安. 法规审查与法规评价研究［M］. 北京：北京大学出版社，2014.

[7] 李步云，汪永清. 中国立法的基本理论和制度［M］. 北京：中国法制出版社，1998.

[8] 李林. 走向宪政的立法［M］. 北京：法律出版社，2003.

[9] 李飞. 中华人民共和国各级人民代表大会常务委员会监督法释义［M］. 北京：法律出版社，2008.

[10] 刘松山. 中国立法问题研究［M］. 北京：知识产权出版社，2016.

[11] 苗连营. 立法程序论［M］. 北京：中国检察出版社，2000.

[12] 彭真. 论新时期的社会主义民主与法制建设［M］. 北京：中央文献出版社，1989.

［13］全国人大常委会法工委. 监督法辅导讲座［M］. 北京：中国民主法制出版社，2006.

［14］全国人大常委会法工委法规备案审查室. 规范性文件备案审查理论与实务［M］. 北京：中国民主法制出版社，2020.

［15］全国人大常委会法工委法规备案审查室.《法规、司法解释备案审查工作办法》导读［M］. 北京：中国民主法制出版社，2020.

［16］全国人大常委会法工委法规备案审查室. 规范性文件备案审查案例选编［M］. 北京：中国民主法制出版社，2020.

［17］乔晓阳. 中华人民共和国立法法讲话［M］. 北京：中国民主法制出版社，2000.

［18］乔晓阳.《中华人民共和国立法法》导读与释义［M］. 北京：中国民主法制出版社，2015.

［19］阮荣祥. 地方立法的理论与实践［M］. 北京：社会科学文献出版社，2008.

［20］汪全胜. 制度设计与立法公正［M］. 济南：山东人民出版社，2005.

［21］吴大英，刘瀚，陈春龙，等. 中国社会主义立法问题［M］. 北京：群众出版社，1984.

［22］武增. 中华人民共和国立法法解读［M］. 北京：中国法制出版社，2015.

［23］肖巧平. 地方人大与其常委会立法权限划分研究［M］. 北京：法律出版社，2015.

［24］叶必丰，周佑勇. 行政规范研究［M］. 北京：法律出版社，2002.

［25］张春生. 中华人民共和国立法法释义［M］. 北京：法律出版社，2000.

［26］周旺生. 立法研究（第6卷）［M］. 北京：北京大学出版社，2007.

［27］周旺生. 立法学［M］. 北京：法律出版社，2004.

二、论文

［1］宓雪军. 半个立法权辨析［J］. 现代法学，1991（6）：40-42.

［2］曹瀚予. 省级人大常委会对设区的市法规报批处理方式探讨［J］. 人大研究，2018（9）：41-48.

［3］曹鸾骁. 我国地方性法规审查机制的宪法学分析［J］. 理论界，2010（3）：52-54.

［4］陈道英. 全国人大常委会法规备案审查制度研究［J］. 政治与法律，2015（7）：108-115.

[5] 陈淑娟. 地方人大规范性文件备案审查的实践与建议 [J]. 人大研究, 2016 (11): 11-16.

[6] 陈运生. 行政规范性文件的司法审查标准——基于538份裁判文书的实证分析 [J]. 浙江社会科学, 2018 (2): 47-54.

[7] 陈运生. 规范性文件附带审查的启动要件——基于1738份裁判文书样本的实证考察 [J]. 法学, 2019 (11): 165-180.

[8] 程琥. 行政诉讼合法性审查原则新探 [J]. 法律适用, 2019 (19): 75-87.

[9] 邓世豹. 论授予较大市完整立法权 [J]. 暨南学报 (哲学社会科学版), 2014 (10): 26-31.

[10] 戴激涛. 试论规范性文件主动审查机制的完善——从立法法的修改说起 [J]. 人大研究, 2015 (10): 26-29.

[11] 程庆栋. 论设区的市的立法权: 权限范围与权力行使 [J]. 政治与法律, 2015 (8): 52-61.

[12] 段梦乔, 程迈. 论合法性审查对合宪性审查的基础作用 [J]. 法治现代化研究, 2019 (5): 73-80.

[13] 丁桂华. 非立法性规范性文件备案审查的法理依据及相关问题 [J]. 人大研究, 2017 (9): 7-10.

[14] 段磊. 论党内法规与规范性文件备案的审查基准 [J]. 学习与实践, 2017 (12): 31-36.

[15] 范进学. 完善我国宪法监督制度之问题辨析 [J]. 学习与探索, 2015 (8): 65-71.

[16] 封丽霞. 制度与能力: 备案审查制度的困境与出路 [J]. 政治与法律, 2018 (12): 99-113.

[17] 高秦伟. 美国行政法上的非立法性规则及其启示 [J]. 法商研究, 2011 (2): 147-153.

[18] 郭万清. 应赋予设区的市地方立法权——对城市地方立法权的新思考 [J]. 江淮论坛, 2010 (3): 112-116.

[19] 郝永伟. 人大规范性文件备案审查若干问题探析 [J]. 人大研究, 2011 (2):

32-35.

[20] 韩大元. 关于推进合宪性审查工作的几点思考 [J]. 法律科学（西北政法大学学报），2018（2）：59-66.

[21] 胡建淼. 法律规范之间抵触标准研究 [J]. 中国法学，2016（3）：5-24.

[22] 胡锦光，刘海林. 论全国人大常委会对特区立法的备案审查权 [J]. 中共中央党校（国家行政学院）学报，2019（3）：65-79.

[23] 胡锦光. 论合宪性审查的"过滤"机制 [J]. 中国法律评论，2018（1）：64-81.

[24] 胡锦光. 论法规备案审查与合宪性审查的关系 [J]. 华东政法大学学报，2018（4）：22-28.

[25] 胡锦光. 健全我国合宪性审查机制的若干问题 [J]. 人民论坛，2019（11）：34-36.

[26] 黄金荣. "规范性文件"的法律界定及其效力 [J]. 法学，2014（7）：10-20.

[27] 蒋清华. 支持型监督：中国人大监督的特色及调适 [J]. 中国法律评论，2019（4）：90-105.

[28] 蒋慕鸿. 确定尾号限行的其他规范性文件在行政审判中的适用 [J]. 人民司法，2010（16）：46-48.

[29] 金梦. 立法性决定的界定与效力 [J]. 中国法学，2018（3）：150-166.

[30] 焦洪昌，马骁. 地方立法权扩容与国家治理现代化 [J]. 中共中央党校学报，2014（5）：41-46.

[31] 孔繁华. 规范性文件备案审查中"其他不适当"情形的具体适用——以广州市人大的审查实践为例 [J]. 法治社会，2016（2）：77-86.

[32] 李雷. 宪法和法律委员会开展合宪性审查的法理基础 [J]. 地方立法研究，2019（6）：30-42.

[33] 李少文. 地方立法权扩张的合宪性与宪法发展 [J]. 华东政法大学学报，2016（2）：63-73.

[34] 李少文. 合宪性审查的法理基础、制度模式与中国路径 [J]. 比较法研究，2018（2）：78-91.

[35] 李松锋. "沟通"与"协商"是符合国情的备案审查方式 [J]. 法学，2019（3）：

17 – 29.

[36] 李云霖. 论人大监督规范性文件之审查基准 [J]. 政治与法律, 2014 (12): 60 – 70.

[37] 李巧玉. 行政规范性文件多重审查衔接机制建构 [J]. 黑龙江省政法管理干部学院学报, 2019 (3): 23 – 27.

[38] 李适时. 全面贯彻实施修改后的立法法——在第二十一次全国地方立法研讨会上的总结 [J]. 中国人大, 2015 (21): 12 – 17.

[39] 李克杰. 地方"立法性文件"的识别标准与防范机制 [J]. 政治与法律, 2015 (5): 55 – 67.

[40] 李春燕. 论省级人大常委会对设区的市地方性法规批准制度 [J]. 江汉学术, 2017 (3): 57 – 65.

[41] 梁洪霞. 法律规范冲突的法院审查及其协同机制 [J]. 暨南学报 (哲学社会科学版), 2019, (12): 32 – 44.

[42] 刘志刚. 论我国合宪性审查机构与合宪性审查对象的衔接 [J]. 苏州大学学报 (哲学社会科学版), 2019, (3): 55 – 61, 191.

[43] 刘启川. 权力清单推进机构编制法定化的制度建构——兼论与责任清单协同推进 [J]. 政治与法律, 2019 (6): 13 – 25.

[44] 刘克希. 较大的市制定的地方性法规应当经批准 [J]. 现代法学, 2000 (5): 22 – 25.

[45] 卢建华. 我国规范性文件备案审查地方立法的若干缺陷及其完善 [J]. 行政论坛, 2008 (4): 67 – 70.

[46] 梁鹰. 全国人大常委会着手"合宪性审查"研究部署 [J]. 检察风云, 2018 (3): 7.

[47] 梁鹰. 备案审查制度若干问题探讨 [J]. 地方立法研究, 2019 (6): 1 – 20.

[48] 林来梵. 合宪性审查的宪法政策论思考 [J]. 法律科学, 2018 (2): 37 – 45.

[49] 林彦. 法规审查制度运行的双重悖论 [J]. 中外法学, 2018 (4): 937 – 954.

[50] 刘连泰. 中国合宪性审查的宪法文本实现 [J]. 中国社会科学, 2019 (5): 100 – 120, 206.

[51] 刘莘，钱于立. 法规范文件备案考[J]. 国家行政学院学报，2017（6）：45 - 50，161.

[52] 罗建明. 规范性文件备案审查法律制度缺陷分析[J]. 人大研究，2015（6）：20 - 22.

[53] 吕健. 地方"两院"司法解释性质文件如何定位和监督[J]. 东南大学学报（哲学社会科学版），2019（6）：73 - 77.

[54] 马岭. 我国规范性法律文件的备案审查制度[J]. 财经法学，2016（3）：34 - 45.

[55] 马新福，汤善鹏. 立法权的内在限制———种法律和立法二元划分的进路[J]. 法制与社会发展，2005（1）：75 - 84.

[56] 苗连营. 立法法重心的位移：从权限划分到立法监督[J]. 学术交流，2015（4）：77 - 82.

[57] 梅一波. 备案审查制度的若干缺陷及其完善[J]. 法律方法，2016（2）：229 - 239.

[58] 莫纪宏. 规范性文件备案审查制度的"合法性"研究[J]. 北京联合大学学报（人文社科版），2012（3）：104 - 108.

[59] 庞凌. 论省级人大常委会对设区的市地方性法规批准制度中的审查范围和标准问题[J]. 江苏社会科学，2017（6）：98 - 105.

[60] 彭中礼. 最高人民法院司法解释性质文件的法律地位探究[J]. 法律科学，2018（3）：14 - 29.

[61] 钱宁峰. 规范性文件备案审查制度：历史、现实和趋势[J]. 学海，2007（6）：130 - 134.

[62] 秦前红，李少文. 地方立法权扩张的因应之策[J]. 法学，2015（7）：11 - 18.

[63] 秦前红，刘怡达. 地方立法权主体扩容的风险及其控制[J]. 海峡法学，2015（3）：38 - 48，120.

[64] 秦前红. 合宪性审查的意义、原则及推进[J]. 比较法研究，2018（2）：66 - 77.

[65] 秦前红，周航. 论我国统一合宪性审查制度的构建[J]. 江苏行政学院学报，2019（4）：120 - 128.

[66] 秦前红，李雷. 人大如何在多元备案审查体系中保持主导性[J]. 政法论丛，2018（3）：31 - 38.

[67] 秦前红,苏绍龙. 中国政党法治的逻辑建构与现实困境 [J]. 人民论坛,2015 (20): 14-21.

[68] 秦前红,苏绍龙. 党内法规与国家法律衔接和协调的基准与路径——兼论备案审查衔接联动机制 [J]. 法律科学,2016 (5): 21-30.

[69] 上官丕亮. 合宪性审查的法理逻辑与实践探索 [J]. 苏州大学学报（社会科学版）,2019 (3): 47-54.

[70] 石维斌. 我国法规备案审查存在的问题与对策 [J]. 人大研究,2007 (6): 6-10.

[71] 沈关成. 对地方立法权的再认识 [J]. 中国法学,1996 (1): 17-22.

[72] 宋鹏举,俞俊峰. 论法规规章备案审查制度的完善 [J]. 人民论坛,2011 (6): 90-91.

[73] 孙波. 地方立法"不抵触"原则探析——兼论日本"法律先占"理论 [J]. 政治与法律,2013 (6): 122-132.

[74] 孙首灿. 论行政规范性文件的司法审查标准 [J]. 清华法学,2017 (2): 139-154.

[75] 谭清值. 合宪性审查的地方制度构图 [J]. 政治与法律,2020 (2): 63-75.

[76] 王春业,张宇帆. 设区的市地方立法备案审查制度的困境与出路 [J]. 北方论丛,2019 (3): 21-25.

[77] 王婵. 党内规范性文件法治化过程中存在的问题与应对 [J]. 上海政法学院学报（政法论丛）,2020 (1): 133-144.

[78] 王建学. 省级人大常委会法规审查要求权的规范建构 [J]. 法学评论,2017 (2): 84-98.

[79] 王建学. 法规审查要求权的规范阐释及其历史契机 [J]. 法学家,2019 (3): 1-12,190.

[80] 王建学. 论地方性法规制定权的平等分配 [J]. 当代法学,2017 (2): 3-11.

[81] 王锴. 我国备案审查制度的若干缺陷及其完善——兼与法国的事先审查制相比较 [J]. 政法论丛,2006 (2): 39-43.

[82] 王锴. 论规范性文件的备案审查 [J]. 浙江社会科学,2010 (11): 11-17.

[83] 王锴. 合宪性、合法性、适当性审查的区别与联系 [J]. 中国法学,2019 (1): 5-24.

[84] 王腊生. 规范性文件备案审查制度及其完善建议——从国家权力机关监督的角度[J]. 南京工业大学学报（社会科学版），2008（1）：15-23.

[85] 王庆廷. 地方性法规备案制度论[J]. 上海政法学院学报，2005（2）：41-47，64.

[86] 王太高. 合法性审查之补充——权力清单制度的功能主义解读[J]. 政治与法律，2019（6）：2-12.

[87] 王留一. 论行政立法与行政规范性文件的区分标准[J]. 政治与法律，2018（6）：115-130.

[88] 王锡财. 地方立法要正确理解不抵触原则[J]. 中国人大，2005（10）：22-24.

[89] 王锡明. 规范性文件备案审查的范围、标准、程序和方法[J]. 人大研究，2011（7）：16-19.

[90] 王旭. 全国人大常委会议事中的合宪性审查规则建构[J]. 中国法律评论，2019（6）：27-35.

[91] 王仰文. 限量下放模式下地方立法权平稳承接研究[J]. 时代法学，2016（2）：10-20.

[92] 武芳. 论地方政府规章和行政规范性文件的制定事项范围划分标准[J]. 河北法学，2017（7）：139-150.

[93] 温辉. 政府规范性文件备案审查制度研究[J]. 法学杂志，2015（1）：9-21.

[94] 谢立斌. 地方立法与中央立法相抵触情形的认定[J]. 中州学刊，2012（3）：94-96.

[95] 谢维雁，段鸿斌. 关于行政规范性文件立法备案审查的几个问题[J]. 四川师范大学学报（社会科学版），2018（1）：69-80.

[96] 薛小蕙. 地方行政规范性文件备案审查制度的文本分析[J]. 河南财经政法大学学报，2019（5）：22-31.

[97] 徐向华. 论中央与地方的立法权力关系[J]. 中国法学，1997（4）：11-17.

[98] 邢斌文. 地方立法合宪性审查：内涵、空间与功能[J]. 内蒙古社会科学（汉文版），2019（1）：99-104.

[99] 杨利敏. 论我国单一制下的地方立法相对分权[J]. 厦门大学法律评论，2001（1）：

1-52.

[100] 杨书军. 规范性文件备案审查制度的起源与发展 [J]. 法学杂志, 2012 (10): 170-174.

[101] 姚魏. 地方"两院"规范性文件备案审查的困局及纾解——以法律效力为中心的制度建构 [J]. 政治与法律, 2018 (11): 73-87.

[102] 伊士国, 李杰. 论设区的市地方性法规的审查批准制度 [J]. 中州大学学报, 2017 (3): 56-61.

[103] 袁勇. 我国规范审查权的构成结构及其运作机制 [J]. 河南师范大学学报 (哲学社会科学版), 2012 (2): 66-70.

[104] 袁勇. 法的违反情形与抵触情形之界分 [J]. 法制与社会发展, 2017 (3): 133-144.

[105] 袁勇. 规范性文件合法性审查的逻辑顺序 [J]. 河南师范大学学报 (哲学社会科学版), 2019 (1): 41-46.

[106] 袁勇. 行政规范性文件的司法审查标准: 梳理、评析及改进 [J]. 法制与社会发展, 2019 (5): 150-166.

[107] 于金惠. 备案审查的主动与被动 [J]. 人大研究, 2019 (3): 51-52.

[108] 于洋. 论规范性文件合法性审查标准的内涵与维度 [J]. 行政法学研究, 2020 (1): 101-115.

[109] 于洋. 明显不当审查标准的内涵与适用——以《行政诉讼法》第70条第 (六) 项为核心 [J]. 交大法学, 2017 (3): 109-121.

[110] 余跃进. 设区的市行使地方立法权的几点思考 [J]. 人大研究, 2015 (10): 34-37.

[111] 俞祺. 重复、细化还是创制: 中国地方立法与上位法关系考察 [J]. 政治与法律, 2017 (9): 70-85.

[112] 张梁. 授权与监督: 国家权力配置的中国逻辑与当下拓展 [J]. 理论月刊, 2019 (4): 96-108.

[113] 张栋祥. 合宪性审查与法律规范审查体系的裂隙与衔接 [J]. 江西社会科学, 2019

(4)：184-194.

[114] 赵威．中国法规规章备案制度的创建（上）[J]．中国法律，2014（3）：26-30，83-86．

[115] 赵威．中国法规规章备案制度的创建（下）[J]．中国法律，2014（4）：22-28，82-89．

[116] 詹亮．地方人大审查监督"两院"司法解释性文件的运行困境与突破路径[J]．天津法学，2018（3）：27-32．

[117] 郑磊．十二届全国人大常委会审查建议反馈实践：轨迹勾勒与宏观评述[J]．中国法律评论，2018（1）：95-108．

[118] 郑磊．省级人大常委会对设区的市地方性法规备案审查权——制度需求与规范空间[J]．政治与法律，2019（2）：14-24．

[119] 郑磊，赵计义．"全覆盖"的备案审查制度体系勾勒——2018年备案审查年度报告评述[J]．中国法律评论，2019（1）：76-89．

[120] 郑磊，赵计义．备案审查制度基本功能的语词展开——基于全国人大常委会工作报告以及备案审查年度报告的梳理[J]．法治现代化研究，2019（5）：81-93．

[121] 郑贤君．作为政治审查的合宪性审查[J]．武汉科技大学学报（社会科学版），2018（5）：508-517．

[122] 郑毅．对新《立法法》地方立法权改革的冷思考[J]．行政论坛，2015（4）：61-64．

[123] 周安平．社会自治与国家公权[J]．法学，2002（10）：15-22．

[124] 章剑生．论行政诉讼中规范性文件的合法性审查[J]．福建行政学院学报，2016（3）：9-16．

[125] 张筱倜．《立法法》修改后我国法规备案审查制度的再检视[J]．理论月刊，2016（1）：99-103，115．

[126] 张婷．"不抵触原则"在地方人大立法的适用研究[J]．政法学刊，2016（6）：26-32．

[127] 张翔．"合宪性审查时代"的宪法学：基础与前瞻[J]．环球法律评论，2019（2）：

5-21.

[128] 赵雪雁. 规范性文件司法审查标准的重构［J］. 安徽大学学报（哲学社会科学版），2019（5）：136-148.

[129] 赵宬斐. 党内法规"一元多维"备案审查模式及效能发挥［J］. 苏州大学学报（哲学社会科学版），2018（5）：32-38.

[130] 张一鸣. 地方政府规章备案审查制度：历史与现实［J］. 齐齐哈尔大学学报（哲学社会科学版），2019（4）：19-23，32.

[131] 张一鸣. 比较视域下的地方政府规章监督机制——基于备案审查的视角［J］. 大连干部学刊，2019（8）：15-19.

[132] 周伟. 论我国地方立法存在的问题及其解决［J］. 河南财经政法大学学报，2013（2）：66-73.

[133] 邹平学. 宪法和法律委员会的目标定位与机制创新［J］. 中国法律评论，2018（4）：43-50.

[134] 朱芒. 规范性文件的合法性要件——首例附带性司法审查判决书评析［J］. 法学，2016（11）：151-160.

附录　法规、司法解释备案审查工作办法[*]

（2019 年 12 月 16 日第十三届全国人民代表大会常务委员会第四十四次委员长会议通过）

目　录

第一章　总则

第二章　备案

第三章　审查

　　第一节　审查职责

　　第二节　审查程序

　　第三节　审查标准

第四章　处理

第五章　反馈与公开

第六章　报告工作

第七章　附则

---

[*] 原刊于《全国人大常委会公报》2020 年第 1 期，第 271–276 页。

第一章 总 则

第一条 为了规范备案审查工作，加强备案审查制度和能力建设，履行宪法、法律赋予全国人民代表大会及其常务委员会的监督职责，根据宪法和立法法、监督法等有关法律的规定，制定本办法。

第二条 对行政法规、监察法规、地方性法规、自治州和自治县的自治条例和单行条例、经济特区法规（以下统称法规）以及最高人民法院、最高人民检察院作出的属于审判、检察工作中具体应用法律的解释（以下统称司法解释）的备案审查，适用本办法。

第三条 全国人大常委会依照宪法、法律开展备案审查工作，保证党中央令行禁止，保障宪法法律实施，保护公民合法权益，维护国家法制统一，促进制定机关提高法规、司法解释制定水平。

第四条 开展备案审查工作应当依照法定权限和程序，坚持有件必备、有备必审、有错必纠的原则。

第五条 常委会办公厅负责报送备案的法规、司法解释的接收、登记、分送、存档等工作，专门委员会、常委会法制工作委员会负责对报送备案的法规、司法解释的审查研究工作。

第六条 加强备案审查信息化建设，建立健全覆盖全国、互联互通、功能完备、操作便捷的备案审查信息平台，提高备案审查工作信息化水平。

第七条 常委会工作机构通过备案审查衔接联动机制，加强与中央办公厅、司法部、中央军委办公厅等有关方面的联系和协作。

第八条 常委会工作机构应当密切与地方人大常委会的工作联系，根据需要对地方人大常委会备案审查工作进行业务指导。

第二章 备 案

第九条 法规、司法解释应当自公布之日起三十日内报送全国人大常委会备案。

报送备案时，应当一并报送备案文件的纸质文本和电子文本。

第十条 法规、司法解释的纸质文本由下列机关负责报送备案：

（一）行政法规由国务院办公厅报送；

（二）监察法规由国家监察委员会办公厅报送；

（三）地方性法规、自治州和自治县制定的自治条例和单行条例由各省、自治区、直辖市人大常委会办公厅报送；

（四）经济特区法规由制定法规的省、市人大常委会办公厅（室）报送；

（五）司法解释分别由最高人民法院办公厅、最高人民检察院办公厅报送；最高人民法院、最高人民检察院共同制定的司法解释，由主要起草单位办公厅报送。

第十一条 报送备案时，报送机关应当将备案报告、国务院令或者公告、有关修改废止或者批准的决定、法规或者司法解释文本、说明、修改情况汇报及审议结果报告等有关文件（以下统称备案文件）的纸质文本装订成册，一式五份，一并报送常委会办公厅。

自治条例、单行条例、经济特区法规对上位法作出变通规定的，报送备案时应当说明对法律、行政法规、地方性法规作出变通的情况，包括内容、依据、理由等。

第十二条 法规、司法解释的电子文本由制定机关指定的电子报备专责机构负责报送。

报送机关应当通过全国人大常委会备案审查信息平台报送全部备案文件的

电子文本，报送的电子文本应当符合全国人大常委会工作机构印发的格式标准和要求。

第十三条 常委会办公厅应当自收到备案文件之日起十五日内进行形式审查，对符合法定范围和程序、备案文件齐全、符合格式标准和要求的，予以接收并通过全国人大常委会备案审查信息平台发送电子回执；对不符合法定范围和程序、备案文件不齐全或者不符合格式标准和要求的，以电子指令形式予以退回并说明理由。

因备案文件不齐全或者不符合格式标准和要求被退回的，报送机关应当自收到电子指令之日起十日内按照要求重新报送备案。

第十四条 常委会办公厅对接收备案的法规、司法解释进行登记、存档，并根据职责分工，分送有关专门委员会和法制工作委员会进行审查研究。

第十五条 常委会办公厅对报送机关的报送工作进行督促检查，并适时将迟报、漏报等情况予以通报。

第十六条 每年一月底前，各报送机关应当将上一年度制定、修改、废止和批准的法规、司法解释目录汇总报送全国人大常委会办公厅。

常委会办公厅通过全国人大常委会公报和中国人大网向社会公布上一年度备案的法规、司法解释目录。

第十七条 专门委员会、常委会工作机构根据审查工作需要，可以要求有关方面提供本办法第五十四条规定的规范性文件。

第三章 审 查

第一节 审查职责

第十八条 对法规、司法解释可以采取依职权审查、依申请审查、移送审查、专项审查等方式进行审查。

第十九条 专门委员会、法制工作委员会对法规、司法解释依职权主动进行审查。

第二十条 对法规、司法解释及其他有关规范性文件中涉及宪法的问题，宪法和法律委员会、法制工作委员会应当主动进行合宪性审查研究，提出书面审查研究意见，并及时反馈制定机关。

第二十一条 国家机关依照法律规定向全国人大常委会书面提出的对法规、司法解释的审查要求，由常委会办公厅接收、登记，报秘书长批转有关专门委员会会同法制工作委员会进行审查。

第二十二条 国家机关、社会团体、企业事业组织以及公民依照法律规定向全国人大常委会书面提出的对法规、司法解释的审查建议，由法制工作委员会接收、登记。

法制工作委员会对依照前款规定接收的审查建议，依法进行审查研究。必要时，送有关专门委员会进行审查、提出意见。

第二十三条 经初步研究，审查建议有下列情形之一的，可以不启动审查程序：

（一）建议审查的法规或者司法解释的相关规定已经修改或者废止的；

（二）此前已就建议审查的法规或者司法解释与制定机关作过沟通，制定机关明确表示同意修改或者废止的；

（三）此前对建议审查的法规或者司法解释的同一规定进行过审查，已有审查结论的；

（四）建议审查的理由不明确或者明显不成立的；

（五）其他不宜启动审查程序的情形。

第二十四条 法制工作委员会对有关机关通过备案审查衔接联动机制移送过来的法规、司法解释进行审查。

第二十五条 法制工作委员会结合贯彻党中央决策部署和落实常委会工作

重点，对事关重大改革和政策调整、涉及法律重要修改、关系公众切身利益、引发社会广泛关注等方面的法规、司法解释进行专项审查。

在开展依职权审查、依申请审查、移送审查过程中，发现可能存在共性问题的，可以一并对相关法规、司法解释进行专项审查。

第二十六条 对不属于全国人大常委会备案审查范围的规范性文件提出的审查建议，法制工作委员会可以按照下列情况移送其他有关机关处理：

（一）对党的组织制定的党内法规和规范性文件提出的审查建议，移送中央办公厅法规局；

（二）对国务院各部门制定的规章和其他规范性文件提出的审查建议，移送司法部；对地方政府制定的规章和其他规范性文件提出的审查建议，移送制定机关所在地的省级人大常委会，并可同时移送司法部；

（三）对军事规章和军事规范性文件提出的审查建议，移送中央军委办公厅法制局；

（四）对地方监察委员会制定的规范性文件提出的审查建议，移送制定机关所在地的省级人大常委会，并可同时移送国家监察委员会；

（五）对地方人民法院、人民检察院制定的属于审判、检察工作范围的规范性文件提出的审查建议，移送制定机关所在地的省级人大常委会，并可同时移送最高人民法院、最高人民检察院。法制工作委员会在移送上述审查建议时，可以向有关机关提出研究处理的意见建议。

第二节 审查程序

第二十七条 根据审查要求、审查建议进行审查研究，发现法规、司法解释的规定可能存在本办法第三章第三节规定情形的，应当函告制定机关，要求制定机关在一个月内作出说明并反馈意见。

对法规、司法解释开展依职权审查、移送审查、专项审查，发现法规、司法解释的规定可能存在本办法第三章第三节规定情形的，可以函告制定机关在一个月内作出说明并反馈意见。

依照本条前两款函告需经批准的法规的制定机关的，同时抄送批准机关。

第二十八条　对法规、司法解释进行审查研究，对涉及国务院职权范围内的事项，可以征求国务院有关方面的意见。

第二十九条　对法规、司法解释进行审查研究，可以根据情况征求有关专门委员会、常委会工作机构的意见。

第三十条　对法规、司法解释进行审查研究，可以通过座谈会、听证会、论证会、委托第三方研究等方式，听取国家机关、社会团体、企业事业组织、人大代表、专家学者以及利益相关方的意见。

第三十一条　根据审查建议对法规、司法解释进行审查研究，可以向审查建议人询问有关情况，要求审查建议人补充有关材料。

第三十二条　对法规、司法解释进行审查研究，根据需要可以进行实地调研，深入了解实际情况。

第三十三条　专门委员会、法制工作委员会在审查研究中认为有必要进行共同审查的，可以召开联合审查会议。

有关专门委员会、法制工作委员会在审查研究中有较大意见分歧的，经报秘书长同意，向委员长会议报告。

第三十四条　专门委员会、法制工作委员会一般应当在审查程序启动后三个月内完成审查研究工作，提出书面审查研究报告。

第三十五条　法制工作委员会加强与专门委员会在备案审查工作中的沟通协调，适时向专门委员会了解开展备案审查工作的情况。

第三节　审查标准

第三十六条　对法规、司法解释进行审查研究，发现法规、司法解释存在违背宪法规定、宪法原则或宪法精神问题的，应当提出意见。

第三十七条 对法规、司法解释进行审查研究，发现法规、司法解释存在与党中央的重大决策部署不相符或者与国家的重大改革方向不一致问题的，应当提出意见。

第三十八条 对法规、司法解释进行审查研究，发现法规、司法解释违背法律规定，有下列情形之一的，应当提出意见：

（一）违反立法法第八条，对只能制定法律的事项作出规定；

（二）超越权限，违法设定公民、法人和其他组织的权利与义务，或者违法设定国家机关的权力与责任；

（三）违法设定行政许可、行政处罚、行政强制，或者对法律设定的行政许可、行政处罚、行政强制违法作出调整和改变；

（四）与法律规定明显不一致，或者与法律的立法目的、原则明显相违背，旨在抵消、改变或者规避法律规定；

（五）违反授权决定，超出授权范围；

（六）对依法不能变通的事项作出变通，或者变通规定违背法律的基本原则；

（七）违背法定程序；

（八）其他违背法律规定的情形。

第三十九条 对法规、司法解释进行审查研究，发现法规、司法解释存在明显不适当问题，有下列情形之一的，应当提出意见：

（一）明显违背社会主义核心价值观和公序良俗；

（二）对公民、法人或者其他组织的权利和义务的规定明显不合理，或者为实现立法目的所规定的手段与立法目的明显不匹配；

（三）因现实情况发生重大变化而不宜继续施行；

（四）变通明显无必要或者不可行，或者不适当地行使制定经济特区法规、自治条例、单行条例的权力；

（五）其他明显不适当的情形。

第四章 处 理

第四十条 专门委员会、法制工作委员会在审查研究中发现法规、司法解释可能存在本办法第三章第三节规定情形的，可以与制定机关沟通，或者采取书面形式对制定机关进行询问。

第四十一条 经审查研究，认为法规、司法解释存在本办法第三章第三节规定情形，需要予以纠正的，在提出书面审查研究意见前，可以与制定机关沟通，要求制定机关及时修改或者废止。

经沟通，制定机关同意对法规、司法解释予以修改或者废止，并书面提出明确处理计划和时限的，可以不再向其提出书面审查研究意见，审查中止。

经沟通没有结果的，应当依照立法法第一百条规定，向制定机关提出书面审查研究意见，要求制定机关在两个月内提出书面处理意见。

对经省、自治区、直辖市人大常委会批准的法规提出的书面审查研究意见，同时抄送批准机关。

第四十二条 制定机关收到审查研究意见后逾期未报送书面处理意见的，专门委员会、法制工作委员会可以向制定机关发函督促或者约谈制定机关有关负责人，要求制定机关限期报送处理意见。

第四十三条 制定机关按照书面审查研究意见对法规、司法解释进行修改、废止的，审查终止。

第四十四条 制定机关未按照书面审查研究意见对法规及时予以修改、废止的，专门委员会、法制工作委员会可以依法向委员长会议提出予以撤销的议案、建议，由委员长会议决定提请常委会会议审议。

制定机关未按照书面审查研究意见对司法解释及时予以修改、废止的，专门委员会、法制工作委员会可以依法提出要求最高人民法院或者最高人民检察院予以修改、废止的议案、建议，或者提出由全国人大常委会作出法律解释的议案、建议，由委员长会议决定提请常委会会议审议。

第四十五条 经审查研究，认为法规、司法解释不存在本办法第三章第三节规定问题，但存在其他倾向性问题或者可能造成理解歧义、执行不当等问题的，可以函告制定机关予以提醒，或者提出有关意见建议。

第四十六条 专门委员会、法制工作委员会应当及时向制定机关了解有关法规、司法解释修改、废止或者停止施行的情况。

第四十七条 法规、司法解释审查研究工作结束后，有关审查研究资料应当及时归档保存。

第五章 反馈与公开

第四十八条 国家机关对法规、司法解释提出审查要求的，在审查工作结束后，由常委会办公厅向提出审查要求的机关进行反馈。

国家机关、社会团体、企业事业组织以及公民对法规、司法解释提出审查建议的，在审查工作结束后，由法制工作委员会向提出审查建议的公民、组织进行反馈。

第四十九条 反馈采取书面形式，必要时也可以采取口头形式。对通过备案审查信息平台提出的审查建议，可以通过备案审查信息平台进行反馈。

第五十条 对不属于全国人大常委会备案审查范围的规范性文件提出的审查建议，法制工作委员会依照本办法规定移送有关机关研究处理的，可以在移送后向提出审查建议的公民、组织告知移送情况；不予移送的，可以告知提出审查建议的公民、组织直接向有权审查的机关提出审查建议。

第五十一条　专门委员会、常委会工作机构应当将开展备案审查工作的情况以适当方式向社会公开。

第六章　报告工作

第五十二条　法制工作委员会应当每年向全国人大常委会专项报告开展备案审查工作的情况，由常委会会议审议。

备案审查工作情况报告根据常委会组成人员的审议意见修改后，在全国人大常委会公报和中国人大网刊载。

第五十三条　专门委员会、常委会办公厅向法制工作委员会提供备案审查工作有关情况和材料，由法制工作委员会汇总草拟工作报告，经征询专门委员会、常委会办公厅意见后按规定上报。

备案审查工作情况报告的内容一般包括：接收备案的情况，开展依职权审查、依申请审查和专项审查的情况，对法规、司法解释纠正处理的情况，开展备案审查制度和能力建设的情况，根据备案审查衔接联动机制开展工作的情况，对地方人大常委会备案审查工作进行业务指导的情况，下一步工作建议、考虑和安排等。

第七章　附　则

第五十四条　对国务院的决定、命令和省、自治区、直辖市人大及其常委会的决议、决定以及最高人民法院、最高人民检察院的司法解释以外的其他规范性文件进行的审查，参照适用本办法有关规定。

第五十五条　地方各级人大常委会参照本办法对依法接受本级人大常委会监督的地方政府、监察委员会、人民法院、人民检察院等国家机关制定的有关规范性文件进行备案审查。

第五十六条 对香港特别行政区、澳门特别行政区依法报全国人大常委会备案的法律的备案审查，参照适用本办法。

第五十七条 本办法自通过之日起施行。2005年12月16日十届全国人大常委会第四十次委员长会议修订、通过的《行政法规、地方性法规、自治条例和单行条例、经济特区法规备案审查工作程序》和《司法解释备案审查工作程序》同时废止。

后　记

　　备案审查制度是一项具有中国特色的宪法性制度，既是立法制度，也是监督制度。备案审查制度与合宪性审查制度一起构筑起了我国立法监督体系，它不仅有利于维护宪法法律权威及国家法制统一，也有助于保障广大公民的合法权益，提升国家治理能力，促进依法治国方略的实施，真正实现良法善治。《中共中央关于全面深化改革若干重大问题的决定》第30条规定："要进一步健全宪法实施监督机制和程序，把全面贯彻实施宪法提高到一个新水平。健全法规、规章、规范性文件备案审查制度。"建立健全备案审查工作情况报告制度，目的就是要把"一府一委两院"所有规范公民、法人权利义务关系的规范性文件都纳入人大常委会监督工作范围。[①]

　　地方立法备案审查本质上属于合法性审查，在某种意义上它充当着一种合宪性审查过滤机制，以维护国家法秩序的内在统一。鉴于中央与地方关系的法治化和制度化是衡量法治政府的基本标准之一，中央与地方应在各自的立法权限内进行立法活动。但是，由于地方立法机关不可避免地出现与上位法相脱节

[①] 沈春耀：《全国人民代表大会常务委员会法制工作委员会关于2019年备案审查工作情况的报告》——2019年12月25日在第十三届全国人民代表大会常务委员会第十五次会议上。

乃至冲突现象，因此亟需备案审查机制予以及时纠正。为此，本书重点从两个方面予以研究：一是从宏观层面对立法权限、中央与地方分权等基本理论的研究，二是从微观层面对地方立法双重备案审查制度的建构与运行等进行深入细致的研究。

在本书写作过程中，苗连营教授、焦洪昌教授、朱福惠教授、刘练军教授、伍华军教授、王建国教授和沈桥林教授给予了诸多指导和帮助，在此深表感谢。此外，还要感谢课题组成员谭波教授（海南大学法学院）、翟国强研究员（中国社会科学院法学所）、虞福生处长（河南省人大常委会财经预算委财经处）、周威博士（郑州大学法学院）和张戈（河南省人大常委会法工委法规处）在课题调研、研讨以及最后写作定稿方面作出的工作以及给予的启发和建议，对陈泽坤、平文娟、史淑亚、丁珊珊、赵战飞、刘琼瑶等同学在搜集资料等方面的辛苦付出表示感谢。